Matthias Letwart
Plötzlich sind Sie Führungskraft

mattletpublishing

MATTHIAS LETWART

PLÖTZLICH SIND SIE FÜHRUNGSKRAFT

Das praktische Buch für angehende Chefs

Wie Sie modern führen, schnell anerkannt
werden und davon nachhaltig profitieren

mattletpublishing

INHALTSVERZEICHNIS

I. EINLEITUNG

„Der gute Führer geht hinter den Menschen." – Treffender als in diesem Sprichwort von Laotse könnte die moderne Art der Führung wohl kaum definiert werden.

Noch vor nicht allzu langer Zeit – und wir reden hier von wenigen Jahrzehnten – war Führung geprägt von einer Kontroll-Kultur. Der Vorgesetzte gab Aufgaben, Prozesse und Arbeitsschritte vor, die auszuführen bzw. umzusetzen waren, während der Mitarbeiter häufig sogar überwacht, mindestens aber engmaschig kontrolliert wurde. Feedback fand meistens nur in eine Richtung statt, in dem der Mitarbeiter hinterher erfuhr, was gut und was schlecht lief und was es in den Augen des Vorgesetzten zu verbessern galt. Der Vorgesetzte übernahm die volle Verantwortung für sein Team und konnte sich auf eine zuverlässige Erfüllung von Pflichten verlassen. Man tauschte Sicherheit gegen Loyalität. Doch es wirkte alles etwas steif und wenig dynamisch. Dennoch soll dieses ältere Modell an dieser Stelle gar nicht kritisiert werden oder negativ erscheinen; klar ist aber, dass sich etwa in den 90er-Jahren die Charakteristika von Führung stark gewandelt haben und dass mittlerweile eine neue Generation an Führungskräften in den Unternehmen Einzug gehalten hat.

Mit dem Auftauchen neuer Führungsmodelle haben sich auch das Verhalten der Führungskräfte sowie deren Anforderungen gewandelt. Heutzutage liegt der Fokus nicht mehr ausschließlich auf hervorragenden Fachkompetenzen, sondern vielmehr auf einer Vielzahl unterschiedlicher Führungskompetenzen. Insgesamt werden hohe Ansprüche und Erwartungen an moderne Führungskräfte gestellt: Sie müssen fachlich kompetent sein und gleichzeitig eine hohe soziale Kompetenz aufweisen. Sie müssen den Spagat zwischen der Erfüllung unternehmerischer Ziele und den Bedürfnissen ihrer Mitarbeiter schaffen. Sie müssen Verantwortung übernehmen, kommunizieren, motivieren sowie delegieren können und dürfen dabei weder das Unternehmen noch den einzelnen Mitarbeiter aus den Augen verlieren. Und aufgrund der immer geringer werdenden Anzahl an Kleinst- und Kleinbetrieben sieht sich die absolute Mehrheit der Führungskräfte mit einer „Sandwich-Position" konfrontiert, in der sie gleichzeitig die Interessen des Chefs wie auch die der Mitarbeiter einmal nach unten und einmal nach oben vertreten und durchsetzen müssen.

Führung bedeutet, eine Richtung vorzugeben und Menschen im Sinne eines gemeinsam zu erreichenden Ziels abzuholen und positiv zu beeinflussen, regelmäßig zu motivieren und zum Handeln zu animieren. Doch Führung bedeutet ebenso, Menschen für ihre Leistungen in die Verantwortung zu ziehen – positiv wie auch negativ. Das Thema Feedback wird im modernen Führungsansatz also besonders groß geschrieben, wobei eine faire Feedbackkultur in beide Richtungen etabliert werden sollte. Woher sonst sollen Sie wissen, ob Sie Ihren Job als Führungskraft wirklich gut machen oder ob Ihre Mitarbeiter einfach nur nicken und lächeln, weil Sie der Vorgesetzte sind?

„Der gute Führer geht hinter den Menschen." – Bei einer guten Führungskraft bemerkt man weder ihre An- noch ihre Abwesenheit, da sie ihr Team feinfühlig steuert und sich in Urlaubszeiten oder Krankheitsfällen voll auf das Team verlassen kann. Genau an diesen Punkt müssen Sie das Team jedoch erst einmal führen.

Hierbei kommt dieses Buch ins Spiel. Es soll Ihnen helfen, sich in Ihrer neuen Position als Vorgesetzter zurechtzufinden und sich einen Überblick zu verschaffen: Wie positioniere ich mich als neuer Vorgesetzter? Wie komme ich an den Punkt, an dem ich weiß, wann ich mein Team an die Hand nehmen muss und wann ich es loslassen kann, wann wirke ich eher einengend, wann lasse ich zu früh los? Immerhin trage doch ich die Verantwortung und muss mich am Ende vor meinem Vorgesetzten rechtfertigen: Wie lerne ich, mich auf mein Team verlassen und ihm vertrauen zu können?

Sie werden in diesem Buch keine Vorschriften, Regeln oder gar „die einzige Wahrheit" finden, sondern vielmehr eine Sammlung von Hinweisen, Denkanstößen und Impulsen, auf deren Gerüst Sie in bestimmten Situationen zurückgreifen können. Es kann gar nicht „nur eine Wahrheit" geben, denn Führung ist vor allem eines: menschlich. Die Führungskraft ist menschlich und das Team besteht aus Menschen. Und die haben eines gemeinsam: ihre Unterschiede. Jeder ist anders, jeder reagiert anders, daher ist jede Situation gesondert und individuell zu handhaben und zu bewerten. Da kann es nur sehr bedingt eine „Standardmethode aus dem Lehrbuch" geben.

Viel wichtiger ist, dass Sie als angehende oder neue Führungskraft einen Ratgeber an die Hand bekommen und diesen selbstständig zum Leben erwecken. Dies gelingt, indem Sie authentisch sind und Ihre persönliche Note in Ihre Rolle als Führungskraft einbringen. Sie sollen in der Lage sein, Ihre Stärken und Schwächen zu kennen, sich selbst zu reflektieren und aus Fehlern zu lernen, anstatt diese als Scheitern oder

Schwäche abzutun. Das wird Ihnen gelingen, indem Sie sich auch mit sich selbst auseinandersetzen und jede neue Situation als Chance zum Lernen und zum Wachsen annehmen.

Wir steigen also direkt ein, indem wir uns mit Ihrer Persönlichkeit und Ihren Qualifikationen auseinandersetzen: Welche Voraussetzungen benötigen Sie als Führungskraft? Danach widmen wir uns Ihrem Auftakt als neue Führungskraft, Ihrem ersten Tag, Ihrem ersten Monat, Ihrem ersten Jahr. Die Entwicklung, die Sie in dieser Zeit durchmachen werden, wird Sie faszinieren. Nachdem wir uns dann speziell der Führung kleinerer Teams in mittelständischen Unternehmen angenommen haben, erfahren Sie noch ein wenig Theorie zu den Themen Führungsstile und moderne Führungsansätze, bevor wir Sie mit ein paar Alltagswerkzeugen und Fallbeispielen aus der Praxis versorgen.

Denken Sie immer daran: Eine gute Führungskraft sorgt für zufriedene Mitarbeiter, die sich durch gute Ergebnisse und einen niedrigen Krankenstand auszeichnen, was das Unternehmen effektiv weniger Geld kostet als eine schlechte Führungskraft, die für das Gegenteil sorgt.

2. IHRE NEUE ROLLE: FÜHRUNGSKRAFT

Bevor wir einsteigen, erst einmal vorab: herzlichen Glück-wunsch zur (bevorstehenden) Beförderung. Sie lesen dieses Buch sicherlich, weil Ihnen (bald) ein neuer Job bevorsteht und Sie künftig Teamverantwortung haben werden. Egal, in welcher Branche oder welchem Bereich Sie tätig sind: Ihre neue Rolle bringt neue Aufgaben und mehr Verantwortung mit sich. Gleichzeitig sind unsere Tipps sehr universal über Branchen und Bereiche einsetzbar, weil sie auf Individualität bauen und von dem Einfühlungsvermögen der Führungskraft abhängig sind.

Sie sind von Ihrem oder einem neuen Unternehmen als an-gehende Führungskraft ausgewählt worden. In der Regel ge-schieht dies nicht aus reinem Zufall, sondern Sie konnten mit einer Mischung aus Ihren Persönlichkeitsmerkmalen, Ihren Qualifikationen und Ihren Kompetenzen überzeugen und sollen künftig das Unternehmen als Führungskraft repräsentieren. Daher gehen wir in diesem Kapitel auf wichtige Persönlichkeitsmerkmale, Qualifikationen und Kompetenzen ein, die eine Führungskraft benötigt. Sicher werden Sie hier sowohl Aspekte finden, die Sie bereits im Schlaf beherrschen, während Ihnen andere vollständig neu sind. Auch hierin liegt eine interessante Herausforderung für Sie.

Auf jeden Fall bringt Ihre neue Rolle als Führungskraft einige Veränderungen mit sich: Sie erhalten neue und durchaus anspruchsvollere Aufgaben, in die Sie sich erst einmal einarbeiten müssen. Zumindest in der Einarbeitungszeit werden Sie sicher Mehrarbeit leisten müssen und nicht mehr wie möglicherweise früher nach acht Stunden Arbeit den Stift fallen lassen. Wenn es die Umstände erfordern, kommt dies auch später immer wieder auf Sie zu. Darüber hinaus waren Sie es bisher vermutlich gewohnt, Aufgaben schnell, zügig und mit der nötigen Fachkenntnis bearbeiten zu können. In diesem neuen Feld beginnen Sie jedoch noch einmal beinahe von vorne. Lassen Sie sich also nicht durch vermeintliche Rückschritte entmutigen oder durch einen gewissen Erwartungsdruck verängstigen, immerhin haben jetzt nicht nur Vorgesetzte, sondern auch Mitarbeiter bestimmte Ansprüche an Sie. Gehen Sie selbstbewusst an Ihre neue Aufgabe heran und erkennen Sie, dass Sie nun mit Menschen auf Augenhöhe arbeiten und kommunizieren, die vorher in der Hierarchie eine Ebene über Ihnen angesiedelt waren. Ihre neue Position muss Ihnen sicherlich zunächst bewusst werden, doch Sie sollten sich von alten Denk- und Verhaltensmustern lösen. Das bedeutet auch, dass Sie mit Ihrer alten Aufgabe abschließen. Für Fachaufgaben haben Sie jetzt Mitarbeiter, die diese erledigen. Lernen Sie, auf deren Kenntnisse und Fähigkeiten zu vertrauen oder coachen Sie sie.

2.1 WELCHE PERSÖNLICHKEIT BRINGEN SIE MIT?

Jeder Mensch ist ein Individuum und bringt entsprechend seine eigene Persönlichkeit mit. Dies betrifft den privaten Bereich genauso wie den beruflichen und lässt sich selten voneinander abkoppeln. Den allerwenigsten Menschen gelingt es, sich beruflich vollständig anders zu präsentieren als im privaten Umfeld, gewisse Züge der Persönlichkeit lassen sich nicht unterdrücken bzw. ins Gegenteil kehren. Ein Beispiel: Ein privat vollkommen ruhiger und ausgeglichener Mensch wird beruflich selten zum Choleriker und auch andersherum wird sich ein Mensch beruflich schnell aufregen und laut werden, wenn ihn dies auch privat kennzeichnet. Zunächst ist dieser Umstand vollkommen wertungsfrei zu sehen, denn die Attribute der Persönlichkeit, die wir (bei anderen oder uns selbst) als „gut" oder „schlecht" einstufen, legen ebenfalls wir selber fest. Wir mögen bestimmte Eigenschaften an uns selbst oder anderen und nehmen andere Eigenschaften als weniger positiv wahr. Doch das sind individuelle Empfindungen, denn die Eigenschaft, die Person A an Person B gut findet, muss Person C an B noch lange nicht gut finden. Jeder kategorisiert und priorisiert auf seine individuelle und von seiner Persönlichkeit gekennzeichneten Weise.

Darüber hinaus gilt es zu beachten, dass es nicht „die eine" Persönlichkeit gibt, die sich bestens dazu eignet, Vorgesetzter zu sein. Sie selbst gestalten die Führungskultur und zwar abhängig von Ihrer eigenen Persönlichkeit, Ihren Idealen und Vorstellungen sowie den äußeren Gegebenheiten und Möglichkeiten. Dass sich die Art der Führung gewandelt hat, ist mittlerweile kein Geheimnis mehr und wohl auch jedem klar. Waren früher noch Statussymbole wie ein eigener Parkplatz, ein Dienstwagen oder der Flug in der Businessclass ein Muss, waren einem diverse Privilegien, die einen vom „Fußvolk" abhoben wichtig, so legen heutige Führungskräfte einen viel höheren Wert auf eine gesunde Work-Life-Balance, Freiheiten wie unbezahlter Urlaub oder „Sabbatjahre" sowie auf Fortbildungsmöglichkeiten. Die eigene Persönlichkeit spielt dabei natürlich eine gewisse Rolle, jedoch ist es viel wichtiger, was Sie selbst daraus machen. Dazu ist es wichtig, dass Sie Ihre Stärken und Schwächen kennen und mit diesen umgehen können.

Das „Fünf-Faktoren-Modell"

Für einen kurzen Einstieg in das Thema Persönlichkeit eignet sich die Darstellung des „Fünf-Faktoren-Modells" (The Big Five), einem Modell aus der Persönlichkeitspsychologie. Es stellt ein paar Grundmotive dar, die den Kern oder die Basis der Persönlichkeit bilden, aber letztendlich nur einen Anhaltspunkt darstellen. Der eigentliche Führungserfolg wird letztlich durch das tatsächliche Verhalten der Führungskraft bestimmt. Folgende Persönlichkeitsmerkmale stellt das „Fünf-Faktoren-Modell" dar:

- Wie aufgeschlossen sind Sie? Hierzu zählen: Weltoffenheit, Neugierde und Kreativität
- Wie gewissenhaft sind Sie? Hierzu zählen: Strukturiertes und ordentliches Arbeiten und die Frage, ob man sich auf Sie verlassen kann
- Wie extrovertiert sind Sie? Sind Sie charismatisch und fröhlich, wirken Sie überzeugend und können Sie sich durchsetzen?
- Wie rücksichtsvoll sind Sie? Handeln Sie fair und vertraulich?
- Wie emotional stabil sind Sie? Sind Sie ausgeglichen und berechenbar? Letzteres ist nicht im negativen Sinne gemeint, sondern eher, ob Ihr Team Ihre Reaktionen vor-

hersehen und einschätzen kann oder bei jedem Fehler wieder die Sorge haben muss, dass Sie vollkommen überzogen reagieren.

Diese Merkmale bilden nur eine kleine Basis unserer Persönlichkeit. Viel wichtiger ist, dass Sie sich mit Ihren Stärken und Schwächen auseinandersetzen und sich fragen, was genau Sie eigentlich antreibt, Führungskraft zu sein.

Werden Sie sich Ihrer Stärken und Schwächen bewusst

Jeder Mensch hat seine Stärken und Schwächen – wichtig ist, wie Sie mit Ihren umgehen. Sicher sagen Sie aus dem Bauch heraus, „klar kenne ich meine Stärken", vielleicht sogar „Schwächen habe ich kaum welche". Insbesondere den letzten Satz meint man, in Bewerbungsgesprächen sagen zu müssen, denn wer will schon wissen, dass Sie zwar fachlich und kommunikativ top sind, aber leider regelmäßig Termin- und Fristerinnerungen benötigen?

Tatsächlich möchten Personaler das heutzutage schon ehrlich wissen. Es geht nicht mehr darum, eine potenzielle Schwäche in etwas Gutes umzuwandeln, sondern vielmehr geht es darum, dass Sie zeigen können, dass Sie Ihre Schwäche kennen, wie Sie mit ihr umgehen und ob Sie einen Weg gefunden haben, wie diese Schwäche Sie nicht mehr im Alltag ausbremst oder blockiert. Versetzen Sie sich einmal in die Lage eines Personalers hinein oder betrachten Sie es durch Ihre neue Brille als Führungskraft: Möchten Sie, dass Ihre Mitarbeiter Ihnen von möglichen Schwächen erzählen und dabei versuchen, diese in ein möglichst gutes Licht zu rücken? Wollen Sie wirklich hören, „ich arbeite zu hart" oder „ich bin detailverliebt und löse eine Aufgabe lieber zu gründlich"? Würden Sie das wirklich glauben? Wie wäre es stattdessen mit einer ehrlichen Antwort des Mitarbeiters, der Ihnen aufrichtig gesteht, wo er seine Schwäche(n) sieht und sogar schon einen Lösungsansatz parat hat, mit dem alle leben können?

Und genauso verhält es sich mit Ihnen selbst: Seien Sie ehrlich und gestehen Sie sich und anderen Schwächen zu. Dafür haben Sie ein Team: Sicher gibt es jemanden, der die Schwäche eines anderen ausgleichen kann. Werden Sie sich Ihrer Stärken und Schwächen bewusst und lernen Sie, offen mit diesen umzugehen und zu ihnen zu stehen. Der Vorteil dabei: Sie wirken authentisch und auch als Führungskraft nicht unantastbar oder unfehlbar. Auch auf Vorgesetzte sowie Kollegen wirkt das sehr positiv. Überlegen Sie einmal, weshalb Sie wohl befördert worden sind. Liegt es an Ihren vielfältigen Stärken, die gut zum Unternehmen, zum Team, zur Aufgabe passen, oder sind Sie befördert worden, weil Ihr Chef dachte „der Mensch hat so viele Schwächen, der muss mal an Selbstvertrauen und Kompetenzen gewinnen. Daher befördere ich ihn und schmeiße ihn ins kalte Wasser."

Um sich Ihrer Stärken und Schwächen bewusst zu werden – die Grundvoraussetzung für erfolgreiche Führung – gibt es ein paar einfache Möglichkeiten. Beispielsweise können Sie den eigenen Eindruck mit den Eindrücken anderer vergleichen (Selbstwahrnehmung vs. Fremdwahrnehmung). Sie sollten sich die Zeit nehmen, intensiv Ihre Stärken und Schwächen zu ergründen und diese aufzulisten bzw. ein paar Fallbeispiele und Situationen zu entwerfen, für die Sie Ihre Reaktionen beschreiben. Bitten Sie dann Mitarbeiter, Vorgesetzte und auch jemanden aus dem privaten Umfeld, die gleichen Fragen und Fallbeispiele für Sie auszufüllen. Sind die Antworten größtenteils deckungsgleich? Wo stimmt Ihre Selbstwahrnehmung mit der Fremdwahrnehmung überein? Wo weichen beide Wahrnehmungen voneinander ab? Diese

Übung eignet sich hervorragend, um sich Ihre Persönlichkeit bewusst zu machen.

Woraus ziehen Sie Ihre Motivation?

Ein wesentlicher Aspekt Ihrer Persönlichkeit ist die Frage, woraus Sie Ihre Motivation ziehen: Was treibt Sie an, Führungskraft zu sein? Natürlich ist ein wesentlicher Charakterzug von uns Menschen, immer weiter kommen zu wollen, mehr erreichen zu wollen (Wachstum). Doch trotzdem lassen sich die Motive zur Führung vielschichtiger durchdringen, während in der Regel mehrere Motive persönlichkeitscharakteristisch und damit ausschlaggebend für den eigenen Führungsstil sind.

In der Psychologie gibt es eine Reihe an Motiven, die Menschen dazu veranlassen, bestimmte Dinge zu tun. Für den Bereich der Persönlichkeit als Führungskraft lassen sich einige dieser Motive grob in drei Gruppen zusammenfassen:

- **Motivgruppe „Status":** Sind Sie eher derjenige, der aus Statusgründen Führungskraft geworden ist, haben Sie vermutlich bisher eine schnelle bzw. steile Karriere hingelegt. Sie motivieren sich vor allem, weil Sie andere Menschen beeinflussen möchten und Ziele durch Ihre Macht erreichen möchten. Außerdem möchten Sie Leistung bringen, beruflich aufsteigen und berufliche Erfolge feiern können. Dabei sollte die materielle Vergütung in Form eines hohen Gehalts und möglicherweise weiterer Privilegien wie ein Dienstwagen nicht zu kurz kommen.
- **Motivgruppe „Soziales":** Sind Sie weniger an Statussymbolen interessiert, wird Ihre Karriere womöglich etwas weniger steil, aber dennoch erfolgreich verlaufen sein. Ihnen sind Motive wie Sicherheit und sozialer Kontakt

wichtig, Sie möchten eine Führungsposition, um ein solides Gehalt zu beziehen und eine möglicherweise etwas weniger schnell austauschbare Stelle zu bekleiden. Das gibt Ihnen ein Gefühl der Sicherheit. Außerdem ist es Ihnen wichtig, möglichst gute Kontakte und Beziehungen zu den Menschen in Ihrem beruflichen und privaten Umfeld zu knüpfen und auszubauen. Harmonie ist für Sie von besonderer Bedeutung.

- **Motivgruppe „Persönliches":** Liegen Ihre Motivationen für Führung eher im „persönlichen" Bereich, so werden Sie in der Regel rein aus sich selbst heraus motiviert, ohne dass Sie nach Status oder den Menschen in Ihrer Umgebung schauen. Sie wollen eine höhere Position mit Personalverantwortung, weil Sie wissen, was Sie leisten können und sich Ihrer Fähigkeiten und Kenntnisse bewusst sind. Diese möchten Sie gerne an die nächste Generation weitergeben. Sie möchten gebraucht werden und unterstützen, Probleme lösen und vielleicht sogar Dinge verändern können. Dafür brauchen Sie ein starkes Team, welches Sie anleiten können.

Grundsätzlich ist der Antrieb, aus dem heraus Sie motiviert werden, vollkommen wertungsfrei zu sehen. Allerdings schlagen sich Ihre Motive in Ihrer Persönlichkeit nieder und eine Person, die primär aus Statusgründen Führungskraft geworden ist, legt einen vollkommen anderen Führungsstil an den Tag als eine Person, die aus sozialen oder persönlichen Gründen motiviert wird. Wie eingangs bereits erwähnt, ist keine dieser Personen oder Persönlichkeiten besser oder schlechter als Führungskraft geeignet; sie führt einfach nur anders.

2.2 WELCHE QUALIFIKATIONEN UND KOMPETENZEN BRINGEN SIE MIT?

Nachdem wir nun Ihre Persönlichkeit genauer betrachtet haben, kommen wir jetzt zu den Qualifikationen und Kompetenzen, die eine Führungskraft mitbringen sollte. Dabei sind diese Themen nicht voneinander losgelöst, sondern ergänzen sich, denn die Kompetenzen, die Sie mitbringen und wohldosiert einsetzen können, stehen immer in Abhängigkeit Ihrer Persönlichkeit.

Ihre Qualifikationen

Sie wären nicht befördert oder für den Job als Führungskraft ausgewählt worden, wenn Sie nicht über die notwendigen, jobspezifischen Qualifikationen verfügen würden. Sie weisen also idealerweise eine hohe Fachkompetenz auf und zeichnen sich dadurch aus, dass Sie bestimmte Kenntnisse gut an andere weitervermitteln können. Vielleicht haben Sie sich sogar schon im Zuge einer stellvertretenden Leitungsposition oder einer Leitungsposition ad interim unter Beweis stellen können und sind nun in die Führungsposition aufgerückt. In einer solchen Position ist es durchaus wichtig, fachliche Qualifikationen aufweisen zu können, da Sie jedoch künftig keine Fachaufgaben mehr machen werden, sondern vielmehr mit Ihrem Job der Mitarbeiterführung beschäftigt sein werden, müssen Sie in der Regel nicht mehr jeden einzelnen Prozess im Detail kennen und jede Aufgabe Ihrer Abteilung hundertprozentig selbst lösen können. Sie haben jetzt Mitarbeiter dafür, die fachlich mindestens ebenso gut qualifiziert sind wie Sie selbst. Legen Sie ab jetzt Ihren Fokus auf den Ausbau Ihrer Stärken sowie Ihrer Kompetenzen.

Kompetenzen im Bereich Mitarbeiterführung

Als Führungskraft benötigen Sie einige Kompetenzen im Bereich der Mitarbeiterführung, da dies ein Kernaspekt Ihres neuen Jobs ist. Sie haben jetzt eine Vorbildfunktion inne und sollten daher die Dinge so vorleben, wie Sie sie von Ihren Mitarbeitern erwarten. Sie geben Richtlinien und Werte vor, an denen sich Ihre Mitarbeiter orientieren können und stellen die gemeinsamen Team- und Unternehmensziele in der Priorität über Ihre eigenen Ziele.

Als Führungskraft erwartet man von Ihnen klare Anweisungen sowie ein souveränes und professionelles Auftreten. Sie setzen sich für eine sachliche und faire Lösung bei Konflikten zwischen Mitarbeitern ein und zeichnen sich durch konsequentes und vorhersehbares Handeln aus. Sie sind in der Lage – wo nötig – auch einmal Sanktionen zu verhängen und kontrollieren die Ergebnisse der Arbeit Ihrer Mitarbeiter im Sinne von Verbesserungsmöglichkeiten. Vergessen Sie nicht, dass Sie als Führungskraft dafür verantwortlich sind, Ihre Mitarbeiter zu informieren, wenn es im Unternehmen Neuerungen oder geänderte Aufgaben und Abläufe gibt. Versuchen Sie stets rechtzeitig und transparent zu informieren und pflegen Sie eine bilaterale Kommunikations- und Informationskultur, bei der auch Sie vom Wissen Ihrer Mitarbeiter profitieren können.

Im Bereich der Beziehungspflege und Fürsorgepflicht kommunizieren Sie offen und doch vertraulich, was insbesondere in kleineren Unternehmen, wo man sich gegenseitig (teilweise privat) kennt, nicht selten eine Herausforderung darstellt. Außerdem beweisen Sie Ihre Teamfähigkeit, indem Sie Ihr Team zusammenhalten können.

Als Vorgesetzter Ihrer Abteilung sind Sie in der Lage, für eine geeignete Einteilung der zur Verfügung stehenden Arbeitskräfte Sorge zu tragen. Sie kennen die Stärken, Schwächen und Fähigkeiten Ihrer Mitarbeiter und können somit für einen adäquaten Einsatz Ihres Personals sorgen. Darauf aufbauend kümmern Sie sich um die Weiterentwicklung Ihrer Mitarbeiter, indem Sie Potenziale und Bereitschaften erkennen und arbeiten gemeinsam mit den einzelnen Mitgliedern Ihres Teams an der individuellen Karriereplanung.

Kompetenzen im unternehmerischen Bereich

Neben den wichtigen Kompetenzen im Bereich der Führung Ihrer Mitarbeiter sind Sie als Führungskraft nun auch damit konfrontiert, im Sinne des Unternehmens zu handeln und dessen Werte mehr denn je zu adaptieren und umzusetzen. Ihr Vorgesetzter wird Ihnen Ziele vorgeben, die es zu erreichen gilt, weshalb Sie Ihrem Team ebenfalls einzuhaltende, aber gleichzeitig einhaltbare Vorgaben machen müssen. Hierzu müssen Sie natürlich die benötigten Ressourcen zur Verfügung stellen, also Arbeitsmittel, geeignete Mitarbeiter sowie Informationen.

Sie brauchen als Führungskraft einen neuen Unternehmensweitblick, der das große Ganze umfasst und über die Grenzen von Bereichen, Abteilungen und Verantwortlichkeiten hinausgeht. Die Position als Führungskraft erfordert von Ihnen eine neue Art zu denken, auch mal „out of the box" zu denken und Mut zu Veränderungen aufzuweisen, selbst wenn Sie hierbei zunächst auf Widerstand beim Team stoßen.

Nicht zuletzt sollten Sie spätestens jetzt als Führungskraft in der Lage sein, Ihr vorgegebenes und abgesprochenes Budget sinnvoll einzusetzen und einzuhalten, wodurch Sie nun auch mit finanziellen Mitteln eigenverantwortlich, aber in einem abgestimmten Rahmen agieren können.

Kompetenzen im persönlichen Bereich

Ihre individuellen Kompetenzen stehen in sehr engem Zusammenhang mit Ihrer Persönlichkeit und basieren auf den Kernbereichen des „Fünf-Faktoren-Modells". Auch bestimmte soziale Kompetenzen, sogenannte Soft Skills, fallen in den Bereich der persönlichen Kompetenzen: Wie flexibel und wie belastbar sind Sie? Zu diesem Themenkomplex kommt Ihre persönliche Ausstrahlung bzw. Ihr Charisma hinzu: Es spiegelt Ihre innere Haltung wider und Ihre Mitarbeiter und Kollegen messen daran Ihre Glaubwürdigkeit. An Ihrer Mimik und Gestik ist zu erkennen, ob Sie authentisch und offen sind, oder ob Sie etwas verbergen oder vielleicht das Gegenteil von dem meinen, was Sie sagen.

3. ANGEHENDE UND NEUE FÜHRUNGSKRÄFTE

Nachdem wir im letzten Kapitel auf Ihre Persönlichkeit und die nötigen Qualifikationen und Kompetenzen in einer Führungsposition eingegangen sind, wollen wir an dieser Stelle nun konkreter werden und uns anschauen, wie der Einstieg als Führungskraft aussehen kann und was Sie beachten sollten. Wir unterscheiden hierbei an den gegebenen Stellen, ob Sie neu als Führungskraft eingestellt worden sind oder innerhalb Ihres Unternehmens aufgestiegen sind. Nachdem wir zunächst kurz auf die Rahmenbedingungen eingehen, zeigen wir konkret, was es bereits vorher, am ersten Tag und in der ersten Woche zu beachten gilt, wir untersuchen, wie Sie Ihr (neues) Team am besten mitnehmen auf die Reise und lassen die ersten 100 Tage im neuen Job Revue passieren. In den letzten beiden Abschnitten schauen wir, wie Sie Menschen begeistern können und wie sich die Führung schließlich in der Praxis ausgestalten kann.

3.1 DIE RAHMENBEDINGUNGEN UND EINSTIEG

In der Regel steigen Sie als neue Führungskraft in eine erste Führungsposition, also in eine sogenannte Sandwich-Position ein. Das bedeutet, dass Sie nicht direkt ein eigenes Unternehmen gründen oder Geschäftsführer bzw. Vorstandsvorsitzender werden, sondern dass Sie ein Team unter sich und mindestens einen Vorgesetzten über sich haben. Das wiederum bedeutet, dass auch Ihr Vorgesetzter noch mindestens einen Vorgesetzten oder aber zumindest Gläubiger wie z. B. Banken hat, die einen gewissen Druck auf ihn ausüben. In der Sandwich-Position erhalten Sie durchaus Druck von oben wie auch Erwartungen von unten und meistens gibt es sogar noch Druck bzw. Erwartungen auf horizontaler Ebene, etwa aus anderen Abteilungen oder von Stabsstellen sowie von außen (Kunden, Lieferanten etc.). Gefühlt möchte jeder etwas von Ihnen und stellt Erwartungen und Forderungen an Sie. Umgekehrt haben Sie aber auch das Glück, dass Sie noch jemanden über sich haben und eben nicht vollkommen auf sich allein gestellt sind. Sie haben jemanden, der Sie ein wenig führen wird und ggf. sogar als Mentor dienen kann.

Ist Ihr Jobwechsel gleichzeitig mit einem Unternehmenswechsel verbunden oder sind Sie intern aufgestiegen? Dies sind zwei sehr unterschiedliche Ausgangspositionen, denn entweder reicht es, die Teammitglieder und Aufgaben der neuen Abteilung kennenzulernen oder aber Sie müssen ein ganzes neues Unternehmen samt dessen Gepflogenheiten neu kennenlernen. Letzteres nimmt natürlich mehr Zeit und Geduld in Anspruch. Oftmals ist eine Neueinstellung unternehmensseitig mit dem Wunsch verknüpft, einen gewissen Richtungswechsel in die Abteilung zu bringen, frischen Wind sowie neues Know-how in die eigenen Reihen zu bekommen. Versuchen Sie vorab herauszufinden, warum es keinen internen Kandidaten gegeben hat. Entweder gab es schlicht keine geeigneten Kollegen oder diese wollten in dem Unternehmen keine Führungsposition bekleiden. Dieser Umstand ist meistens nur zwischen den Zeilen oder über Umwege in Erfahrung zu bringen, weist aber auf wichtige Indizien hin, was auf Sie zukommen kann. Sind Sie hingegen im eigenen Unternehmen aufgestiegen, sei es durch Ihren Mut, sich zu bewerben oder weil Sie aktiv von höherer Position" rekrutiert worden sind, zeugt das von großem Vertrauen, welches in Sie gesteckt wird. Man traut Ihnen diesen Job zu, ist von Ihren Fachkenntnissen überzeugt und erwartet, dass Sie – mit der nötigen anfänglichen Unterstützung – Mitarbeiter führen und Verantwortung übernehmen können. Der Vorteil für das Unternehmen liegt in diesem Fall vor allem darin begründet, dass keine teure Einarbeitung notwendig ist, da Sie die Systeme, Kollegen, Gepflogenheiten etc. ja bereits kennen und dass das Unternehmen Sie kennt und einschätzen kann, daher ist die Wahrscheinlichkeit einer „Fehlbesetzung" auf der Position deutlich geringer.

Sicher fiebern Sie schon sehr Ihrem ersten Tag in der neuen Führungsposition entgegen. Sie werden dann eine Führungskraft sein, mit allen Rechten und Pflichten und allem, was sonst noch so dazugehört. Kennen Sie Ihr Team bereits oder sind Sie noch niemandem vorgestellt worden? Vielleicht sind Sie zur Vertragsunterzeichnung vor Ort und haben die Chance, Ihr Team schon einmal kurz kennenzulernen bzw. vielleicht können Sie einen Termin vereinbaren, noch bevor Ihr neuer Job beginnt, um sich dem Team zumindest einmal namentlich vorzustellen und Ihr genaues Startdatum, bestenfalls sogar mit einer Uhrzeit, zu der Sie am ersten Tag erscheinen werden, mitzuteilen. Dies macht einen guten Eindruck und kann helfen, übermäßige Spekulationen innerhalb des Teams zu vermeiden. Wenn möglich, können Sie sogar direkt verkünden, wie der erste Tag abläuft und wann genau Sie sich mit dem Team in einer großen Runde zusammensetzen.

Vorab in Erfahrungen bringen sollten Sie ebenfalls, wie Sie dem neuen Team vorgestellt werden. Auch hier ist wieder wichtig zu unterscheiden, wie gut Sie das Team bereits kennen oder ob Sie in einer neuen Firma starten. Je weniger Sie sich gegenseitig kennen, desto wichtiger ist der erste Eindruck. Gerade in größeren Unternehmen gibt es Standards der Personalabteilung, wie neue Mitarbeiter bzw. neue Führungskräfte vorgestellt werden. Werden an Ihrem ersten Tag der Vorgänger auf Ihrer Position, Ihr Vorgesetzter und ggf. noch weitere Führungskräfte oder Personalverantwortliche anwesend sein? Klären Sie solche und ähnliche Fragen gerne vor Ihrem Antrittstag ab, damit Sie sich optimal vorbereiten können.

Ebenfalls interessant ist, wie die Übergabe des Jobs sowie die Anlernphase in den ersten Wochen ablaufen wird. Ist Ihr Vorgänger noch anwesend, arbeitet er noch im gleichen Unternehmen oder hat er zu dem Zeitpunkt bereits das Unternehmen verlassen? Wer wird Sie einarbeiten? Sie werden einen festen Ansprechpartner benötigen, der z. B. ein Mitglied Ihres Teams, Ihr Vorgesetzter oder eben auch Ihr Vorgänger sein kann, wenn dieser beispielsweise im Unternehmen querversetzt wurde oder aufgestiegen ist. Versuchen Sie, viele Dinge bereits im Vorfeld zu klären, indem Sie sich mit Ihrem zukünftigen Vorgesetzten schon einmal zusammensetzen und bestimmte Fragen klären oder in der Personalabteilung anrufen. Je besser Sie vorbereitet sind, desto besser klappt der Einstieg.

3.2 DER RICHTIGE AUFTAKT

Auf einmal ist er da: der Tag X. Der Tag, an dem Sie Ihre neue Stelle als Führungskraft antreten. Aus dem vorangegangenen Kapitel haben Sie sicher mitnehmen können, wo Sie sich vorab informieren sollten und welche Informationen Sie versuchen sollten, zu erhalten, damit Ihr erster Tag erfolgreich abläuft. Es sollte selbstverständlich sein, dass Sie an dem Tag pünktlich zur vereinbarten Uhrzeit erscheinen und dem (ggf. von Ihnen selbst beim ersten Kennenlernen proklamierten) Ablauf folgen. Idealerweise werden Sie zu Beginn erst einmal in die neue Abteilung begleitet bzw. durch das Unternehmen geführt und vorgestellt. Dies ist insbesondere bei kleinen bis mittelständischen Unternehmen wichtig, da hier in der Regel jeder jeden irgendwie kennt. Da sorgt es nur für Gesprächsstoff, Interpretationen und Unmut, wenn ein neuer Kollege nicht vorgestellt wird.

Hatten Sie bereits die Gelegenheit, Ihr Team vorab kennenzulernen, dann haben Sie vielleicht schon das erste Teammeeting für Ihren ersten Tag geplant und angekündigt. Im Rahmen dieses Meetings werden Sie sicher offiziell von Ihrem neuen Vorgesetzten oder Ihrem Vorgänger vorgestellt und Sie werden auch sich selbst (noch einmal) dem Team vorstellen. Hierbei ist unbedingt auf das korrekte Wording zu achten, denn gleich im ersten Meeting schon durchblicken zu lassen, dass Sie Erfahrungen mit schwierigen Teams oder Restrukturierung haben, schürt Unsicherheiten im Team und verbreitet eine verhaltene Stimmung. Erzählen Sie im ersten Meeting noch nicht zu viel Persönliches oder Details aus Ihrem Lebenslauf, um nicht direkt Stoff für Interpretationen zu liefern. Sicher haben Ihre neuen Mitarbeiter und Kollegen bereits ein wenig über Sie recherchiert, falls Sie auf gängigen Berufsnetzwerk-Plattformen vertreten sind. Was Sie dort über sich veröffentlicht haben, können Sie natürlich gerne erzählen, ansonsten werden Sie und Ihr Team sich noch früh genug gegenseitig kennenlernen. Worüber Sie jedoch gerne sprechen dürfen, sind beispielsweise Ihre persönlichen Gründe für einen evtl. Betriebswechsel (falls das der Fall ist), zumindest aber über die Gründe für die Übernahme dieser Führungsposition. Erklären Sie Ihren Führungsstil und erläutern Sie sowohl, was Sie von Ihren Mitarbeitern erwarten, als auch, was diese von Ihnen erwarten dürfen. Umreißen Sie erste mögliche Ziele, Ihre Planung zur Einarbeitung sowie potenzielle Herausforderungen, die Ihnen bevorstehen. Gehen Sie hier nicht zu sehr ins Detail, da Sie die Interna etc. noch nicht gut genug kennen und ggf. später an Inhalten aus Ihrer ersten Ansprache gemessen werden könnten. Je offener, ehrlicher und authentischer Sie wirken, desto positiver wird der erste Eindruck von Ihnen bei Team und Vorgesetztem sein. Halten Sie Blickkontakt, schütteln Sie Hände (wenn gegenseitig gewünscht) und hören Sie aktiv und aufmerksam zu, anstatt zu lange Monologe zu halten. Seien Sie selbstbewusst und strahlen Zuversicht und Optimismus aus, aber verzichten Sie hingegen auf Überheblichkeiten, potenzielle Streitthemen und gar auf Kritik an Ihrem Vorgänger, Vorgesetzten oder Mitarbeitern. Im Zweifel kennen Sie niemanden davon gut genug, um sich ein objektives Urteil erlauben zu können. Insbesondere, was den Wechsel der Position oder des Unternehmens durch Ihren Vorgänger angeht, können Sie unter „vier Augen" mit Ihrem Vorgesetzten oder der Personalabteilung besprechen, aber niemals mit Ihren Teammitgliedern. Auch Kommentare zum oder Kritiken am ehemaligen Chef durch Teammitglieder sollten Sie bis zu einem gewissen Grad ignorieren oder direkt im Keim ersticken. Drücken Sie aus, dass Sie sich auf die Zusammenarbeit freuen und dass Sie schon bald mittels Einzelgesprächen jeden Mitarbeiter sowie dessen Position und Tätigkeiten näher kennenlernen möchten. Lassen Sie am Ende die Mitglieder Ihres neuen Teams zu Wort kommen, ohne eine „Aufbruchsstimmung" zu erzeugen oder das baldige Ende der Veranstaltung zu signalisieren. Nur dann wird sich der eine oder andere trauen, eine Frage zu stellen oder etwas zu kommentieren. Geben Sie aktiv und offen die Möglichkeit dazu. Ein allgemeiner Tipp: Vermeiden Sie, den „kumpelhaften" Chef zu spielen. Sie sollen leiten, verantworten und als Vorgesetzter wahrgenommen werden, anstatt jedermanns bester Freund zu sein. Wie sich dies konkret ausgestaltet, liegt natürlich an Ihrer Persönlichkeit, die Sie besser nicht grundlegend ändern, um authentisch zu bleiben. Und gegen ein warmes Wort oder im weiteren Verlauf mal eine private Plauderei ist nichts einzuwenden, solange Sie insgesamt sachlich bleiben.

Mit der neuen Position als Führungskraft werden Sie schnell die Mehrbelastung merken. Zum einen erwartet man eine schnelle und umfassende Einarbeitung von Ihnen, zum anderen werden Sie sich schon bald vor lauter Meeting-Einladungen nicht mehr retten können. Machen Sie sich von Beginn an einen Plan, wie Ihr Tagesablauf aussehen soll und teilen Sie jeden Tag in zwei bis drei Teile, wobei die zeitliche Ausgestaltung natürlich flexibel bleiben muss. Ein Teil sollte dem Tagesgeschehen vorbehalten sein, in dem Sie zunächst von Ihren Teammitgliedern Aufgaben und Prozesse kennenlernen, wo Sie Ihre E-Mails abarbeiten und wo Sie für schnelle Entscheidungen oder kurze Absprachen zur Verfügung stehen. Insbesondere für die Einarbeitung sollten Sie sich anfangs viel Zeit nehmen, denn das ist der Zeitraum, in dem Sie lernen und Fragen stellen können. Wer nach einem halben Jahr immer noch nicht weiß, woran das Team eigentlich genau arbeitet und wie einzelne Prozesse aussehen, der fragt dann auch nicht mehr, weil es ihm unangenehm ist. So ziehen sich Wissenslücken über Jahre hin und Sie laufen Gefahr, nicht ernst genommen zu werden. Planen Sie einen weiteren Teil des Tages für längerfristige bzw. intensivere Aufgaben ein, in dem Sie die Möglichkeit haben, Prozesse und Strukturen zu hinterfragen, Projekte zu entwickeln oder an ihnen zu arbeiten und sich über die Ausrichtung und Entwicklung von Abteilung und Mitarbeitern Gedanken zu machen. Ein optionaler dritter Teil des Tages besteht aus Meetings. Versuchen Sie, möglichst nie bis selten einen Meeting-Marathon im Kalender stehen zu haben.

Nutzen Sie die ersten Tage ebenfalls, um sich mit der neuen Abteilung oder gar dem neuen Unternehmen an sich vertraut zu machen. Recherchieren und fragen Sie (beim Vorgesetzten, in der Personalabteilung, ggf. beim Vorgänger) nach Kennzahlen zu Abteilung und Unternehmen: Wie steht die Abteilung im Unternehmen da, wie ist ihr Ansehen, wie steht das Unternehmen an sich da. Wie wird ihr Team bzw. wie werden einzelne Teammitglieder in anderen Abteilungen angesehen und wie ist ihr Ansehen bei externen Kräften (Kunden, Lieferanten etc.). Gibt es ähnliche Abteilungen oder Teams, versuchen Sie, Ihre(s) mit anderen zu vergleichen, um einen ungefähren Überblick zu bekommen. Versuchen Sie ebenso, die Gründe für den guten oder auch den schlechten Stand herauszufinden. Vielleicht ergibt sich hieraus bereits erstes Handlungspotenzial für Sie.

3.3 DAS TEAM ABHOLEN

Nachdem Sie Ihre Auftakt-Veranstaltung und den ersten Tag in der neuen Abteilung überstanden haben, heißt es jetzt, das Team abzuholen und mitzunehmen. Dies können und sollten Sie sowohl im Rahmen von Einzelgesprächen als auch in Gruppenveranstaltungen machen. Nehmen Sie sich insbesondere im ersten Monat Zeit, die Teammitglieder einzeln kennenzulernen sowie von Ihnen Details zu Aufgaben und Prozessen zu erhalten. Setzen Sie sich neben jedes Teammitglied und schauen Sie, woran der jeweilige Kollege arbeitet. Insbesondere in dieser Phase hat das nichts mit Kontrolle oder „auf die Finger schauen" zu tun, sondern ganz einfach mit einem Kennenlernen von Abläufen. Schließlich muss der Vorgesetzte wissen, woran sein Team arbeitet und ungefähr Zeitaufwand und Workload jedes Mitglieds einschätzen können. Dieses bildet die Basis, damit Sie effiziente und sinnvolle Personalplanungen, Vertretungsregelungen und Entwicklungsmöglichkeiten umsetzen können bzw. ggf. Restrukturierungen angehen können. Etablieren Sie bereits in dieser Zeit schon regelmäßige Teammeetings im Wochen- bis Zwei-Wochen-Rhythmus.

Unabhängig von den arbeitsbezogenen Teammeetings können Sie ca. nach einem Monat eine außerplanmäßige Teamrunde einberufen (mit Ankündigung natürlich, schließlich hat ihr Team das Tagesgeschäft zu erledigen und muss Teamrunden ebenfalls in den Ablauf integrieren können). Bitten Sie das Team darum, sich selbstständig in Gruppen vorzubereiten und die ersten Wochen mit Ihnen als neuem Vorgesetzten Revue passieren zu lassen: Was weiß das Team mittlerweile über Sie, welche Fragen an Sie sind noch offen? Was sind die in Sie gesetzten Hoffnungen, wovor herrschen evtl. Ängste? Konnten Sie schon Dinge erreichen oder bleiben Sie weit hinter den Erwartungen zurück? Was müssen Sie noch (vom Team) lernen, wobei kann Ihr Team Sie vielleicht besser unterstützen (z. B. Art der hausinternen Kommunikation, Strukturen, etc.)? Welche Tipps möchte es Ihnen mit auf den Weg geben? Besprechen Sie diese Fragen zum vorgegebenen Termin in der Gruppe und geben auch Sie Ihrem Team im Anschluss ein Feedback, wie Sie die ersten Wochen erlebt haben und konkretisieren Sie Ihren Führungsstil. Typische Probleme anfangs sind nämlich z. B., dass das Team Sie zu häufig wegen Lappalien um Rat fragt oder aber Sie sogar aus wichtigen Entscheidungen heraushält, da die Mitarbeiter der Meinung sind, zu diesem Zeitpunkt noch besser entscheiden zu können als Sie, da Ihnen der Praxisbezug zu den Teamaufgaben fehlt. Teilen Sie mit, bei welchen Entscheidungen Sie konsultiert werden wollen und müssen und wie sehr Sie das Team kontrollieren wollen oder ihm lieber freie Hand lassen wollen. Gerade Letzteres funktioniert am besten bei gut eingespielten, erfolgreichen Teams und setzt ein gewisses Vertrauen voraus, auf dieses Thema gehen wir später näher ein.

Insbesondere, wenn Sie in ein neues Unternehmen kommen oder aber die neue Abteilung vorher noch überhaupt nicht kannten, sollten Sie zumindest anfangs keine Gelegenheit für das sogenannte „Socialising" auslassen. Dies kann über soziale Events wie Geburtstage, Feiern oder Versammlungen genauso stattfinden wie eine gemeinsam verbrachte Mittagspause oder das Treffen in der Kaffeeküche. Hier gibt es immer etwas Zeit und Gelegenheit, auch einmal das eine oder andere private Wort zu wechseln, ohne zu sehr ins Detail zu gehen.

Der Umgang mit anderen internen Bewerbern

In jedem Fall – unabhängig davon, ob Sie intern aufgestiegen sind oder in ein neues Unternehmen einsteigen – sollten Sie in einem vertraulichen Gespräch mit der Personalabteilung oder Ihrem Vorgesetzten klären, ob es andere interne Bewerber gegeben hat, die nun womöglich eng mit Ihnen zusammen- oder gar in Ihrem Team arbeiten. Im letzteren Fall erfordert der Umgang mit diesen internen Bewerbern einiges Fingerspitzengefühl, wobei Ehrlichkeit und Offenheit meistens trotz allem die beste Lösung darstellen. Versuchen Sie, das Gespräch mit dem Bewerber zu suchen und schauen Sie sich diesen Kollegen besonders an. Hat er vielleicht Potenzial, sodass Sie ihn entwickeln können? In einem persönlichen Gespräch bekommen Sie sicher ein Gefühl dafür. Versuchen Sie ihn auf jeden Fall mit einzubinden und verantwortungsvolle Aufgaben oder Aufgaben mit höherem Komplexitätsgrad zu übergeben. Hat der Kollege Erfolg, wird dies seine Motivation weiter steigern und Sie haben einen starken und motivierten Partner im Team, der das Team u. U. positiv beeinflusst. Stellt sich auch nach mehreren Versuchen kein Erfolg ein, war die Entscheidung gegen den Kollegen sicher keine falsche.

Ihr Vorgänger – Erfolg vs. Misserfolg

In der überwiegenden Mehrheit der Fälle wird Ihre Position nicht komplett neu geschaffen worden sein, sondern Sie werden einen Vorgänger auf der Position gehabt haben. Die Fragen, die sich Ihnen stellen, sollten lauten: Wie erfolgreich war mein Vorgänger, wo ist er jetzt und weshalb? War mein Vorgänger eine unternehmerisch erfolgreiche Führungskraft? Ist er intern aufgestiegen, ist er querversetzt worden oder hat auf der Suche nach einer neuen Herausforderung das Unternehmen verlassen? Wie beliebt war mein Vorgänger im Team bzw. im Unternehmen? Ist Ihr Vorgänger weiterhin im Unternehmen tätig, kann er u.U. als Berater für Sie tätig werden. Allerdings funktioniert dies weniger gut, wenn er vom Unternehmen zurück- oder querversetzt wurde, weil man (inoffiziell) der Meinung war, er mache seinen Job nicht gut. Auch hier sind Vorsicht, Sensibilität und Fingerspitzengefühl gefragt, bei dem Versuch, mehr über den Vorgänger herauszufinden.

Grundsätzlich lassen sich aber folgende Punkte über einen erfolgreichen und einen weniger erfolgreichen Vorgänger zusammenfassen:

Im Falle eines erfolgreichen Vorgängers profitieren Sie jetzt von einem eingespielten und motivierten Team sowie etablierten Prozessen, es werden anfangs keine grundlegenden Veränderungen nötig sein. Allerdings stehen Sie ggf. auch im Schatten Ihres Vorgängers und man nimmt Sie schwerer wahr, insbesondere, wenn Sie keine Veränderungen durchsetzen und selten „strenges Durchgreifen" in Ihrer Funktion als Führungskraft notwendig ist. Je nach Beliebtheitsgrad des Vorgängers trauern Ihre Teammitglieder ihm sogar hinterher und vergleichen Sie mit ihm. Diesem Erwartungsdruck müssen Sie standhalten können und sich selbst einen Namen sowie Respekt erarbeiten. Ruhen Sie sich bloß nicht auf den Erfolgen Ihres Vorgängers aus und lassen Sie einfach alles weiterlaufen. Analysieren Sie, weshalb Ihr Vorgänger so erfolgreich war, und führen Sie zumindest seine Strategie fort, um nicht hinter ihm zurückzubleiben. Mittelfristig müssen Sie jedoch Ihre eigene Strategie entwickeln und verfolgen.

War Ihr Vorgänger eher erfolglos, ruhen jetzt alle Hoffnungen auf Ihnen. Sie können sich frei entfalten und vieles ausprobieren, da sowohl Team als auch Vorgesetzte erst einmal froh sein werden, dass jemand überhaupt irgendetwas macht bzw. verändert. Sollten Sie mit einigen Punkten nicht weiterkommen oder gar scheitern, wird man in erster Linie das (nicht funktionierende) Team verantwortlich machen, mit dem Sie ja kaum eine Chance haben und das Sie erst einmal auf Kurs bringen müssen. Sie haben allerdings auch kein Vorbild und müssen sich alles selbst erarbeiten, daher ist es für einen solchen Fall von Vorteil, wenn Sie entweder bereits erste Führungserfahrungen mitbringen oder aber sehr selbstbewusst und durchsetzungsstark sind. Können Sie nach einiger Zeit ebenfalls keine Erfolge vorweisen, wird jedoch auch Ihr Stand schwierig, denn offensichtlich können auch Sie die in Sie gesetzten Hoffnungen und Erwartungen ebenfalls nicht erfüllen. Suchen Sie sich daher rechtzeitig Unterstützung von Vorgesetzten, aber auch im Team, denn Sie wurden nicht eingestellt, um Sie scheitern zu sehen. In der Regel wird man Ihnen die nötige Unterstützung zukommen lassen, damit Sie Erfolge verzeichnen können, unabhängig von der Komplexität der Ausgangslage.

Aufstieg aus den eigenen Reihen – aus dem Team zur Teamleitung

Immer häufiger kommt es vor, dass Mitarbeiter aus den eigenen Reihen in eine erste Führungsposition befördert werden. Meistens handelt es sich dabei um den Mitarbeiter, der die besten Leistungen erbracht hat – ungeachtet dessen, ob hier Führungspotenzial vorliegt. Dies macht die Ausgangslage nicht einfacher, weder für die angehende Führungskraft selbst noch für das Team oder die Vorgesetzten. Eine derartige Situation zu meistern erfordert viel Disziplin und Eigenverantwortung, denn nicht immer werden diese angehenden Führungskräfte vom Vorgesetzten oder der Geschäftsführung adäquat auf ihrem Weg begleitet. Fühlen Sie sich unsicher, bitten Sie darum, Führungsseminare besuchen zu dürfen und belesen Sie sich, was Führungsstile, Teambesonderheiten etc. angeht. Insbesondere der Besuch von Seminaren bzw. der Erwerb von Zertifikaten wirken sich positiv auf Ihre Karriere aus (Lebenslauf).

Liegen die Führungsqualitäten vor bzw. konnten diese erworben werden, ist die Beförderung aus den eigenen Reihen durchaus sehr sinnvoll, denn immerhin kennen Sie (falls die interne Beförderung auf Sie zutrifft) bereits die (Warenwirtschafts- oder Customer-Relationship-Management-)Systeme und verfügen über umfangreiches Wissen in Bezug auf Prozesse, Abläufe, Aufgaben und Prioritäten. Außerdem bringen Sie bereits die nötigen sozialen Voraussetzungen mit, schließlich kennen Sie Ihre zukünftigen Mitarbeiter genau, wissen um deren Stärken und Schwächen sowie deren Belastbarkeit. Sie wissen, wer auf welche Art reagiert und wer wie arbeitet. Wiederum kennen Sie möglicherweise auch deren soziale bzw. familiäre Situation und haben möglicherweise selbst als Teammitglied schon dem einen oder anderen Dinge über sich offenbart.

Und genau das macht die Situation als angehende oder neue Führungskraft, die aus den eigenen Reihen emporgestiegen ist, so kompliziert: Sie haben diverse Hintergrundinformationen, die man normalerweise einem Vorgesetzten nicht oder nur sehr grob umrissen mitteilen würde. Sie könnten diese Informationen jetzt zu Ihrem Vorteil nutzen und sie auch Richtung Ihres Vorgesetzten oder der Geschäftsführung verwenden, jedoch ist es Ihre Pflicht, sensibel und vertraulich mit gewissen Informationen umzugehen. Sie haben diese in Ihrer Rolle als Teammitglied (unter gleichen) erhalten. Es wäre nun dem Arbeitsklima und dem Vertrauen zwischen Ihnen und Ihrem Team nicht förderlich, würden Sie deren „Geheimnisse" gegen sie verwenden. Durch vertrauliche Informationen dürfen Sie niemanden „reinreiten", dennoch müssen Sie natürlich darauf achten, gewissen Fehlentwicklungen vorzubeugen. Haben Sie das Gefühl, dass jemand seine Arbeit nicht mehr so gewissenhaft, weniger schnell oder weniger gründlich erledigt, als Sie es von ihm kennen, und Sie vermuten beispielsweise die prekäre Familiensituation dahinter, versuchen Sie zunächst, handfeste Beweise und konkrete Beispiele für die mangelnde Qualität der Arbeit zu finden. Suchen Sie anschließend das vertrauliche Gespräch zwischen Ihnen und Ihrem Teammitglied und vermeiden Sie es bereits bei diesem Gespräch, Ihren Vorgesetzten mit einzubinden. Ihr Mitarbeiter muss Ihnen vertrauen können. Natürlich bleibt es an Ihnen hängen, sich wegen der mangelnden Leistung Ihres Mitarbeiters gegenüber Ihrem Vorgesetzten oder anderen zu rechtfertigen. Erkennen Sie – aufgrund Ihres tiefergehenden Wissens über Ihre Mitarbeiter – Probleme und Schwierigkeiten jedoch rechtzeitig, so können Sie gemeinsam mit Ihrem Mitarbeiter an Strategien arbeiten, wie das Pensum dennoch geschafft oder wie die Qualität wieder erhöht werden kann, ohne dass Ihr Vorgesetzter überhaupt Probleme bemerkt. Vermeiden Sie dennoch ein zu „kumpelhaftes" Auftreten, bei allem Vertrauen und Hintergrundwissen müssen Ihre Mitarbeiter dennoch merken, dass Sie jetzt der Vorgesetzte und damit weisungsbefugt sind. Je mehr Vertrauen und Respekt Sie Ihren Mitarbeitern gegenüber zeigen, desto eher wird man Ihnen vertrauen und Sie respektieren.

Eine weitere, nicht ganz einfache Situation wird ein „Krisengespräch" mit einem Ihrer Mitarbeiter sein, beispielsweise wenn dieser einen groben Fehler begangen hat oder ihm sogar eine Abmahnung ausgesprochen werden muss. Insbesondere ist es dann nicht einfach, wenn Sie entweder eine gute (private) Beziehung zu Ihrem Mitarbeiter haben, weil Sie beide früher – als Sie noch Kollegen waren – gerne mal am Wochenende zusammen feiern waren oder aber sich schon früher als Teamkollegen nicht „ausstehen" konnten. Mit Ihrer Beförderung wird es umso wichtiger, Berufliches von Privatem zu trennen und Ihrem Mitarbeiter zu verdeutlichen, weshalb Sie jetzt diese Kritik üben müssen. Sie brauchen – für eine Abmahnung sowieso, aber ebenso bei Krisengesprächen oder Problemen – handfeste Beweise und Beispiele, anhand derer Sie verdeutlichen können, was schief gelaufen ist und warum und wie Sie – idealerweise gemeinsam – daran arbeiten können, dass solche Fehler in Zukunft vermieden werden können. Zeigen Sie in beiden Situationen („Kumpel" oder „verhasster Kollege") deutlich, dass Sie auf beruflicher Ebene helfen und unterstützen wollen und werden und zeigen Sie absolute Professionalität. Persönliches hat in diesem Moment und in diesem Gespräch keinen Platz.

Vorausgesetzt zwischen Ihnen und Ihrem Team herrschte und herrscht ein vertrauensvolles und fast (!) schon freundschaftliches Verhältnis haben Sie wiederum in „Friedenszeiten" als Führungskraft ein sehr leichtes Spiel, da die Motivation einfacher aufrechterhalten werden kann. Ihre Mitarbeiter sind (mit Ihnen) zufrieden, Sie haben ein gutes Verhältnis zueinander, können offen reden und gegenseitig (insbesondere auch vom Teammitglied Richtung Führungskraft) einmal deutliche Worte finden, ohne jedes Mal in Angst vor Konsequenzen leben zu müssen. Das sorgt für ein Umfeld, in dem gerne gearbeitet und Anweisungen leichter befolgt werden. Zudem hilft es dabei, Ihr Team zu motivieren und zu begeistern (mehr dazu in Kapitel 3.5 „Menschen begeistern").

Wichtig ist, dass Sie Ihre Einstellungen und Überzeugungen in dem Moment Ihrer Beförderung nicht einfach ändern, sondern dass Sie authentisch und die Person bleiben, die Ihre Mitarbeiter kennen. Sie sollten auf gar keinen Fall heraushängen lassen, dass Sie meinen, Sie seien aufgrund Ihrer Position oder Ihrer Beförderung „etwas Besseres", denn eine Führungskraft kann immer nur so gut sein, wie das Team ist, das sie führt.

3.4 REVIEW: DIE ERSTEN 100 TAGE

Einer neuen Führungskraft – egal ob „nur" neu in der Position oder neu im Unternehmen – gibt man in der Regel 100 Tage Zeit, um sich in der neuen Position zurechtzufinden und erste Steine ins Rollen zu bringen. Dabei sind die ersten 100 Tage nicht dafür gedacht, bereits große Veränderungen anzustoßen oder gar durchzusetzen, jedoch wird erwartet, dass Sie sich innerhalb der ersten 100 Tage in dem Maße informieren, einarbeiten und die Situation analysieren, dass Sie am Ende in der Lage sind eine Strategie zu entwickeln. Zunächst sollen Sie in die Unternehmenskultur eintauchen, interne Strukturen und Abläufe kennenlernen sowie die Aufgaben der Abteilung erlernen. Das gilt unabhängig davon, ob Sie in ein neues Unternehmen kommen oder ob Sie intern aufgestiegen sind: Sie lernen alles zumindest von einer völlig neuen Seite und aus einer anderen Perspektive kennen. In den ersten 100 Tagen führen Sie bereits mehrere Gespräche mit Ihren Teammitgliedern (Einzel- und Teamgespräche) sowie mit Ihrem Vorgesetzten. Nach der ersten Informationssammlung gehen Sie über in eine Phase, in der Sie analysieren, bewerten und priorisieren und anschließend beginnt die Phase der Umsetzung.

Der erste Monat:
Beobachten und lernen

In den ersten ca. vier Wochen sind Sie der absolute Neuling im Unternehmen bzw. in der Abteilung. Trotz Ihrer möglichen Führungs-, definitiv jedoch trotz Ihrer bisherigen Berufserfahrung sind Sie zunächst noch einmal für kurze Zeit „Lehrling". In den ersten vier Wochen lernen Sie erst einmal alles kennen, Sie setzen sich mit der Unternehmenskultur auseinander und verinnerlichen Leitbilder und Werte, nach denen Sie später genauso handeln und arbeiten sollen wie alle Ihre Kollegen, Mitarbeiter und Vorgesetzte. In dieser Zeit dürfen, sollen und müssen Sie so viele Fragen stellen wie möglich, denn zu Beginn verübelt es Ihnen niemand, dass Sie weder Abläufe noch Ansprechpartner oder Zuständigkeiten kennen. Tauchen Sie so tief ein, wie es Ihnen möglich ist, sprechen Sie mit Ihrem Vorgesetzten über seine Erwartungen und Ziele und lernen Sie von ihm die Strukturen und internen Abläufe im Unternehmen bzw. in der Abteilung. Binden Sie gleichzeitig Ihre Abteilung aktiv mit ein: Im Normalfall (wenn Ihre Abteilung nicht gerade vollständig neu geschaffen wird) läuft das Tagesgeschäft weiter, denn Ihre Mitarbeiter kennen ihre Aufgaben, die Prozesse und Tätigkeiten und kommen in der Übergangsphase auch einmal „ohne Chef" zurecht. Zur Not gibt es schließlich noch Ihren Vorgesetzten, der gefragt werden kann. Setzen Sie sich nicht nur zwecks erster Abstimmung oder möglicher strategischer Überlegungen einzeln und in der Gruppe mit Ihren Teammitgliedern zusammen, sondern sprechen Sie auch mit jedem Einzelnen über dessen Aufgaben. Idealerweise setzen Sie sich sogar mit jedem Teammitglied einen oder zwei Tage gemeinsam hin und schauen diesem jeweils bei den alltäglichen Aufgaben über die Schulter. Es geht nicht darum, die Mitarbeiter zu kontrollieren oder dass Sie die jeweilige Aufgabe am Ende vollständig beherrschen, jedoch ist es sehr wichtig, dass Sie wissen, woran genau Ihre Leute arbeiten und wie sie arbeiten. Wo kommt es weshalb zu Verzögerungen, wo tauchen regelmäßig Probleme auf, wer ist von wem abhängig etc. Nur wenn Sie diese Kenntnisse erwerben, können Sie am Ende Bewertungen, Vertretungsregelungen und mögliche Prozessänderungen vornehmen bzw. die Arbeit Ihrer Abteilung vor anderen Abteilungen bzw. Vorgesetzten vertreten und Kapazitäten einschätzen. Bei dieser Gelegenheit werden einzelne Teammitglieder sicher versuchen, Sie näher kennenzulernen, um Sie ggf. besser einschätzen zu können und manche werden versuchen, ihre zahlreichen Ideen, Wünsche und Kritikpunkte an Sie heranzutragen. Versuchen Sie dies klar von der Bearbeitung der Aufgaben zu trennen, denn für Entwicklungen und Veränderungen bleibt noch genug Zeit. Dennoch hilft es, wenn Sie sich in dieser Zeit vieles notieren und dokumentieren, einerseits die Zuständigkeiten und Tätigkeiten, andererseits auch die Ideen, Wünsche, Anregungen und Kritiken Ihrer Teammitglieder. Nur weil eine Idee ggf. zu einem unpassenden Zeitpunkt oder in unpassender Art und Weise geäußert wurde, heißt es nicht per se, dass es eine schlechte Idee ist. Nehmen Sie alles zunächst möglichst unkommentiert auf, was Sie mitbekommen, um ein möglichst genaues und detailliertes Stimmungsbild zu erhalten. Was Sie daraus machen, wird sich ohnehin in den kommenden Wochen und Monaten zeigen.

Zudem dienen die ersten wenigen Wochen dazu, Ihre eigene Dienst- und Handlungsfähigkeit herzustellen, indem Sie Ihre Geräte wie Laptop, Smartphone, Tablet etc. übergeben bekommen, sich an die Gepflogenheiten und Kleiderordnung im Haus gewöhnen und erste Kontakte unter Berücksichtigung der Corporate Identity (einheitliches Auftreten in persönlichem oder elektronischem Kontakt) herstellen. Genauso wichtig ist das sogenannte „Socializing": Verbringen Sie Pausen dort, wo Ihre Kollegen und Teammitglieder üblicherweise Ihre Pausen verbringen (z. B. in einem gemeinsamen Pausenraum, in der Kantine oder auch draußen) und besuchen Sie eventuell vorhandene gemeinsame Freizeiteinrichtungen wie beispielsweise ein Fitnessstudio oder andere Angebote. Es geht nicht darum, dass Sie im Unternehmen einen neuen besten Freund finden sollen, sondern es geht darum, mal das eine oder andere private Wort zu sprechen und vor allem Präsenz zu zeigen, anstatt sich nach acht Stunden Arbeit aus allem herauszunehmen und nach Hause zu verschwinden. So lernen Sie die Menschen aus einer anderen Perspektive kennen und lernen vor allem weitere Ansprechpartner kennen. Es ist nie verkehrt, zu bestimmten Menschen an bestimmten Positionen ein gutes Verhältnis zu haben (und hierbei geht es ausdrücklich nicht um höhere Hierarchieebenen).

Treffen Sie in den ersten Wochen noch keine Entscheidungen. Wie bereits erwähnt: Nehmen Sie alles auf, was Sie gezeigt und gesagt bekommen, aber entscheiden Sie nichts. Es kann sein, dass Sie zu gewissen Entscheidungen manipuliert werden oder dass Ihre Unwissenheit ausgenutzt wird. So manch eine zu vorschnell getroffene Entscheidung kann das Abteilungs- oder gar Betriebsklima empfindlich stören und / oder Ihnen noch monatelang anhaften. Gehen Sie mit Ihrer neuen Verantwortung vorsichtig um.

Der zweite Monat:
Analysieren, bewerten und priorisieren

Im zweiten Monat haben Sie allmählich alles kennengelernt und sind in der Lage, erste Rückschlüsse zu ziehen. Sie hatten idealerweise bereits einige Meetings mit Ihrem Team (als Gruppe und einzeln) sowie mit Ihrem Vorgesetzten und wissen bereits etwas besser, Ziele und Erwartungen beider Seiten miteinander zu verknüpfen. Beginnen Sie, die Informationen, die Sie erhalten und notiert haben, auszuwerten und zu analysieren und definieren Sie Handlungsfelder. Diese sollten Sie priorisieren, da Sie zwar idealerweise das Richtige tun sollen, aber allem voran erst einmal das Wichtige. Blinder Aktionismus, nur um überhaupt etwas zu tun, bringt gar nichts. Binden Sie lieber Ihre Teammitglieder mit ein und arbeiten Sie gemeinsam mit ihnen an Strategien und möglichen Veränderungen. Ein Team, das sich ernstgenommen und respektiert fühlt, wird deutlich motivierter arbeiten und bessere Ergebnisse erzielen als ein Team, das sich allein gelassen oder „von oben herab" behandelt fühlt. Insbesondere im zweiten Monat ist der Austausch mit dem Team wichtig, da mit der Analysephase ein Abschnitt beginnt, in dem Sie vermehrt allein und „still vor sich hin" arbeiten. Nach der anfänglichen steten Begleitung Ihrer Mitarbeiter benötigen Sie nun für Analysen und Auswertungen Ruhe. Da kann schnell Unmut aufkommen nach dem Motto „Was macht der eigentlich den ganzen Tag?" oder „Erst weicht er uns nicht von der Seite und auf einmal sind wir uninteressant?". Umso wichtiger, auch jetzt regelmäßig alle mit ins Boot zu holen und über den aktuellen Stand sowie Fortschritte zu informieren, ohne zu viele Einzelheiten durchsickern zu lassen. Auch in dieser Phase sollten Sie sich noch nicht zu vorschnellen Entscheidungen drängen lassen.

Der dritte Monat:
Vertiefen, umsetzen und reflektieren

Sie befinden sich mittlerweile in Ihrem dritten Monat als Führungskraft und haben idealerweise die Informationssammlung sowie Analyse und Bewertung abgeschlossen. Nun geht es darum, Ihr erworbenes Wissen anzuwenden, Ihre Kenntnisse zu vertiefen und erste Pläne in die Tat umzusetzen. Arbeiten Sie weiterhin an Ihrer Strategie und holen Sie Ihr Team immer wieder mit ins Boot, aber versuchen Sie, im dritten Monat bereits eine erste (kleine) Veränderung oder Optimierung in Gang zu bringen. Beachten Sie, dass Sie in dieser Zeit auf ersten Widerstand stoßen können, da Sie ggf. Routinen durchbrechen. Bleiben Sie an dieser Stelle hartnäckig und diskutieren Sie höchstens noch über die Art der Umsetzung (das „Wie"), nicht aber über die Entscheidung an sich (das „Ob"). Sie sind nun so weit, dass Sie beginnen können, selbstständig Entscheidungen zu treffen und diese fundiert darzulegen. Trauen Sie sich ebenfalls, schon einmal erste Konfliktthemen anzusprechen und anzugehen und ggf. gemeinsam mit Ihrem Team Lösungsansätze zu entwickeln und auszuprobieren.

Ebenfalls wichtig ist, dass Sie sich in dieser Zeit selbst reflektieren: Wie kommt Ihr Führungsstil im Team und auch im Unternehmen an? Passt Ihr Führungsstil in die Firmenkultur? In Ihrer Rolle als Führungskraft sind Sie nicht nur dazu angehalten, möglichst erfolgreich zu führen, sondern auch, sich flexibel an Gegebenheiten anzupassen. Waren Sie es bisher gewohnt, dass Entscheidungen schnell und ohne lange Rückfragen oder Diskussionen getroffen und Anweisungen laut und deutlich kommuniziert wurden, so kann es sein, dass im neuen Unternehmen mehr Zeit für Diskussionen und Abstimmungen aufgewendet wird und Anweisungen freundlich und erklärend formuliert werden. Holen Sie sich zu Ihrem Führungsstil auch gerne Feedback von Ihrem Vorgesetzten sowie von Ihren Mitarbeitern ein. Insbesondere Letzteres hat den charmanten Vorteil, dass Sie sich als Führungskraft nicht „unantastbar" geben, sondern mit ehrlichem Interesse die Meinung Ihrer Mitarbeiter schätzen. Feedback ist nämlich nicht nur one way vom Vorgesetzten in Richtung Mitarbeiter zu verstehen, sondern in einer gelebten Feedbackkultur dürfen auch Mitarbeiter ihrem Vorgesetzten Feedback geben. Dies stärkt die Zusammenarbeit, das gegenseitige Vertrauen und hilft dabei, Vorurteilen entgegenzuwirken.

Darüber hinaus ist es jetzt an der Zeit, dass Sie einen Blick in Ihr Privatleben werfen: Die vergangenen zwei bis drei Monate seit Ihrem Start als Führungskraft waren sicher anstrengend, aber auch aufregend und hoffentlich spannend. Aber werden Sie kurz- bis mittelfristig in der Lage sein, eine zu Ihnen und ggf. zu Ihrer Familie passende Work-Life-Balance zu finden und zu leben? Nur wenn Sie diese Frage mit „Ja" beantworten können, befinden Sie sich auf dem richtigen Weg. Andernfalls sollten Sie ein paar Parameter überprüfen oder aber die Entscheidung für die Arbeit und gegen ein besonders umfassendes Privatleben ganz bewusst für sich treffen.

Mögliche Fehler, Probleme oder Herausforderungen in den ersten 100 Tagen

Dieser Abschnitt lässt sich wohl am schnellsten und einfachsten mit folgenden Worten zusammenfassen: Finden Sie den Mittelweg.

Achten Sie insbesondere in den ersten Wochen und Monaten darauf, dass Sie weder zu aktiv, zu vorschnell oder zu prominent agieren, genauso wichtig ist es jedoch auch, dass Sie nicht zu passiv, zu träge oder zu wenig sichtbar sind. Zeigen Sie Präsenz, aber stellen Sie sich nicht direkt in den Mittelpunkt des Geschehens, achten Sie darauf, nicht direkt in den ersten Wochen konfliktträchtige Themen anzusprechen oder zu forcieren, weichen Sie aber auch nicht sämtlichen Konflikten aus. Je nach Ausgangslage ist es normal, dass es zwischenzeitlich zu Spannungen kommen kann. Nehmen Sie diese nicht persönlich und versuchen Sie sie diplomatisch zu regeln, zur Not mit Unterstützung Ihres Vorgesetzten.

Zeigen Sie von Beginn an, wie Sie sich die Zusammenarbeit mit Ihrem Team vorstellen und artikulieren Sie Ihre Ansprüche klar und deutlich (anstatt beispielsweise fehlerhafte Arbeit zu akzeptieren und die „kleinen Fehler" eben schnell selbst auszubügeln oder lieber gleich alles selbst zu machen. Lernen Sie zu delegieren.). Nur dann weiß Ihr Team, was Sie von ihm erwarten und kann sich darauf einstellen. Lassen Sie dabei jedoch nicht zu stark Ihre „Chefrolle" heraushängen: Eine „Jetzt komme ich – jetzt wird alles besser"-Mentalität sorgt nur für Verunsicherung und Antipathie.

3.5 MENSCHEN BEGEISTERN

Führungskräfte müssen Menschen begeistern können. Moderne Vorgesetzte herrschen nicht mehr „mit eiserner Faust", sondern haben auch eine gewisse Entertainer-Funktion. Sie müssen in der Lage sein, Ihre Mitarbeiter zu begeistern und mitzunehmen, um ein gemeinsames Ziel zu erreichen. An erster Stelle steht hier der Punkt „Kommunikation". Erklären Sie nicht nur, was getan werden soll und wie das Ziel Ihrer Meinung nach zu erreichen ist, sondern legen Sie den Fokus auf die Erläuterung des „Warum" und setzen Sie zudem auf gegenseitigen Austausch, anstatt nur einseitige Vorgaben zu machen. Auch aus Ihrem Team können, dürfen und müssen gute Ideen kommen.

Aber zurück zum Warum: Betten Sie Aufgaben und Projekte in einen größeren Zusammenhang ein, erläutern Sie, warum diese Aufgabe für Sie, für die Abteilung und / oder für das Unternehmen wichtig ist, warum sie erledigt werden muss oder warum das Projekt ein Erfolg werden muss. Welchen Sinn für das Große und Ganze wird dieses Projekt erfüllen? Auf welche Art unterstützt es übergeordnete Unternehmensziele? Legen Sie verständlich dar, warum eine bestimmte Reihenfolge oder ein vorgegebener Ablauf eingehalten werden muss, bzw. geben Sie genug Anleitung und Hilfe zur Selbsthilfe, falls Ihre Mitarbeiter vollkommen frei in der Gestaltung sind. Schließlich haben Sie oder Ihr Unternehmen gewisse Erwartungen, da sollten Ihre Mitarbeiter von vornherein in die richtige Richtung laufen. Vor dem Hintergrund solcher Erläuterungen sind Ihre Mitarbeiter, die einen konkreten Sinn in dieser Tätigkeit sehen, motivierter, Bestleistungen abzurufen und ggf. anfallende Mehrarbeit zu leisten.

In diesen Zusammenhang passt es auch, dass Sie eine Vision für Ihre Abteilung haben. Mit einer klaren Vorstellung des zu erreichenden Zustandes, die Sie natürlich kommunizieren, geben Sie Ihren Mitarbeitern eine Orientierung. Vorstellungen sind mächtig, Studien belegten bereits mehrfach, dass mentales Training durch Vorstellungen nahezu ähnliche Ergebnisse erzielen kann wie praktisches (physisches) Training. Dazu muss selbstverständlich die Vorstellungskraft eines Menschen geweckt und gefördert werden. Wichtig ist, dass Sie in Ihrer Abteilung positive Bilder malen und keine Angst-Visionen aufbauen. Erinnern Sie Ihre Mitarbeiter nicht tagtäglich daran, was passieren könnte, wenn einer einen Fehler macht oder etwas vergisst, sondern lassen Sie sie auf ein übergeordnetes Ziel hinarbeiten. Oftmals ist der Weg, wie Ihre Mitarbeiter dorthin gelangen, lediglich zweitrangig.

3.6 FÜHREND FÜHREN

Sie sind mittlerweile an einem Punkt angekommen, an dem Sie nicht nur Ihren Auftakt und Ihre erste Woche, sondern sogar schon Ihre ersten 100 Tage erfolgreich hinter sich gebracht haben. So langsam stellt sich etwas ein, das sich grob als „geregelter Tagesablauf" (wobei man in den meisten Management-Positionen selten eine Art „Schema F" hat) bezeichnen lässt. Sie haben das neue Unternehmen bzw. die neue Abteilung sowie Ihr Team kennengelernt, Sie kennen Aufgaben, Prozesse und Zuständigkeiten und können sich nun mehr und mehr darauf konzentrieren, tatsächlich Mitarbeiter zu führen und ggf. Veränderungen herbeizuführen. Hierbei hilft es Ihnen, wenn Sie als Führungskraft nicht nur die Akzeptanz, sondern auch den Rückhalt Ihrer Mitarbeiter haben. Nur dann kann Führung erfolgreich sein. Doch um die Früchte zu ernten, müssen Sie zunächst sähen: Sie müssen kommunizieren, Sie müssen vertrauen, Sie müssen anerkennen. Ihr Team wird früher oder später mit dem gleichen Vertrauen, Motivation und Anerkennung Ihnen gegenüber reagieren.

Ziele vorgeben: Bieten Sie eine Orientierung

So, wie Ihr Vorgesetzter mit Ihnen Ziele vereinbart, müssen Sie auch mit Ihren Mitarbeitern einzelne Ziele vereinbaren. Idealerweise lassen sich die Ziele Ihrer Mitarbeiter mit den Zielen des Unternehmens vereinbaren, sodass Ihre Mitarbeiter motivierter sind, die Ziele zu erreichen, da sie damit einen wichtigen Beitrag zum Großen und Ganzen leisten und den Mehrwert direkt oder zumindest indirekt erkennen können. Sicher haben Sie schon einmal von der „SMART"-Definition von Zielen gehört, denn dieser Ansatz ist nicht neu, sorgt jedoch – richtig angewandt – für eine Umgehung der gängigen Problematiken bei der Formulierung von Zielen:

- **S**pezifisch: Sorgen Sie für eine absolut konkrete, verständliche Beschreibung des Ziels.
- **M**essbar: Definieren Sie eindeutige Kriterien, die der Überprüfung dienen, idealerweise so eindeutig, dass selbst Außenstehende den Erfolg des Ziels messen könnten.
- **A**ttraktiv: Ziele dürfen schon herausfordernd sein, jedoch niemals überfordernd und sich nach dem Potenzial des jeweiligen Mitarbeiters richten.
- **R**ealistisch: Der Mitarbeiter muss in der Lage sein, Einfluss auf sein Ziel zu nehmen und es auch zu erreichen.
- **T**erminiert: Legen Sie einen genauen Zeitpunkt fest, an dem das Ziel erreicht sein muss.

Sie haben zwei Möglichkeiten der Zielformulierung: Entweder erarbeiten Sie die Ziele gemeinsam mit Ihren Mitarbeitern und lassen sie diese formulieren, oder Sie geben (ein) Oberziel(e) für Ihre Abteilung bekannt und Ihre Mitarbeiter formulieren darauf basierend ihren jeweiligen Beitrag dazu. Sicher merken Sie gerade, dass Sie keineswegs einfach jedem Ihrer Mitarbeiter Ziele aufoktroyieren, sondern dass diese stets im Dialog erarbeitet werden. Auch die Kontrolle zwischendrin, ob sich der Mitarbeiter auf einem guten Weg zur Zielerreichung befindet, sollte in Gesprächen auf Augenhöhe stattfinden. Unterstützen Sie und geben Sie Hilfestellung zur Selbstkontrolle und erarbeiten Sie gemeinsam mit Ihrem Mitarbeiter mögliche Probleme, die der Erreichung im Wege stehen könnten. Sie erreichen auf diese Weise ein deutlich höheres Verständnis, eine höhere Motivation und mehr Eigeninitiative, als würden Sie alles vorgeben und Monologe halten. Sie bieten sozusagen eine Orientierung.

Zur Orientierung zählt auch, dass Ihre Mitarbeiter die Unternehmensziele kennen und sich selbst bzw. ihre Tätigkeit mehrwertbringend darin wiederfinden können. Als Unternehmen ist es nicht verkehrt, ein Leitbild sowie eine Vision zu haben (wie wir es bereits in Kapitel 3.5 als Möglichkeit eine Vision in Ihrer Abteilung zu kommunizieren angesprochen haben). Die Vision des Unternehmens muss allerdings von der Geschäftsführung entwickelt werden, wobei Marktkenntnisse und -entwicklungen, Umfeld und Konkurrenz, sowie unternehmenseigene Stärken und Schwächen berücksichtigt werden müssen. Anhand der formulierten Vision lässt sich dann ein Leitbild entwickeln, welches wiederum von den Mitarbeitern (bei kleineren Unternehmen bietet sich eine Art „Vollversammlung" an, bei größeren Unternehmen eine möglichst heterogene Projektgruppe) aufgestellt werden sollte. Ein Leitbild manifestiert die Werte eines Unternehmens, an denen sich das tägliche Handeln ausrichten soll. Je intensiver der einzelne Mitarbeiter am Entwicklungsprozess beteiligt ist, umso leichter fällt es ihm, sich später mit diesen Werten zu identifizieren und nach diesen zu agieren. Darüber hinaus steckt ein Leitbild einen gewissen Rahmen ab, innerhalb dessen sich Ihre Mitarbeiter bewegen können, sodass einfache Entscheidungen selbstbewusster, korrekt und ohne Ihr Zutun gefällt werden können.

Vertrauen schaffen durch delegieren

Delegieren bedeutet so viel mehr als eine reine Zeitersparnis an Ihrem Tisch. Delegieren ist eine der Kernaufgaben und -kompetenzen guter Führung, denn – richtig angewandt – fühlen sich die Mitarbeiter motivierter. Durch das Delegieren bieten Sie Ihren Mitarbeitern Chancen, sich zu entwickeln und gefordert zu werden. Wie eben schon angesprochen, müssen Sie „richtig" delegieren: Sie müssen Ihre Mitarbeiter zur Übernahme und Erledigung bestimmter (neuer) Aufgaben befähigen, indem Sie ihnen bestimmte Fähigkeiten oder Kenntnisse vermitteln und das nötige Handwerkszeug mitgeben. Investieren Sie Zeit zur Befähigung in Ihre Mitarbeiter, denn damit geben Sie ihnen einen Vertrauensvorschuss, aus dem Sie idealerweise wiederum Vertrauen ernten können. Mit einem lapidaren „Erledigen Sie diese Aufgabe" erreichen Sie nämlich leider das Gegenteil, da die Wahrscheinlichkeit hoch ist, dass die Aufgabe nicht zu Ihrer Zufriedenheit erledigt wird. Sie selbst sind frustriert und eignen sich eine „Ich mach das lieber selber"-Mentalität an und Ihre Mitarbeiter sind ebenso frustriert, da sie es Ihnen offensichtlich nicht recht machen können. Außerdem kann das Selbstvertrauen sinken, der Mut zur Eigeninitiative schwindet und der Mitarbeiter macht künftig nur noch Dienst nach Vorschrift, denn scheinbar ist er zu mehr nicht fähig. Zum Delegieren eignen sich insbesondere Routine-, Recherche- oder Fachaufgaben, die ohnehin viel besser im Team als bei Ihnen aufgehoben sind. Das Team arbeitet im Zweifel günstiger als Sie und Sie können sich für jede Aufgabe den am besten geeigneten Mitarbeiter auswählen, sodass Sie das Potenzial Ihres Teams voll ausschöpfen. Erläutern Sie dem ausgewählten Mitarbeiter die Wichtigkeit und Bedeutung dieser Aufgabe, weshalb Sie gerade ihn für diese Aufgabe vorsehen, loben Sie ihn für eventuell früher bereits erfolgreich abgeschlossene Projekte oder absolvierte Aufgaben und kommunizieren Sie eine klare Erwartung (hier sind wir wieder beim Thema „korrekte Zielformulierung"). Vereinbaren Sie Zwischenziele und Termine zur Präsentation und unterstützen Sie Ihren Mitarbeiter dabei, sich selbst zu kontrollieren. Geben Sie ihm regelmäßig Feedback, ohne aber den Weg, wie er ans Ziel kommt, vorzugeben oder zu verurteilen. Denn auch das ist eine wichtige Eigenschaft des Delegierens: Der Mitarbeiter bekommt nicht nur die Verantwortung für die Erreichung des Ziels, sondern auch für die Art der Umsetzung.

Zeigen Sie keine falsche Scheu vor dem Delegieren: Ihnen bleiben nach Abgabe bestimmter Aufgaben immer noch genügend eigene Aufgaben (z. B. sämtliche Aufgaben die Führung, Organisation, Prozessoptimierung, etc. betreffend). Geben Sie niemals Führungsaufgaben ab, das ist und bleibt Ihr Job und genau dafür haben Sie nach dem Delegieren bestimmter Tätigkeiten wieder (mehr) Zeit. Außerdem haben Sie nun die Möglichkeit, spannende Projekte in Angriff zu nehmen und ggf. Projektgruppen aufzubauen und anzuleiten.

Konflikte, Veränderungen, Fehlerkultur

Früher oder später werden Sie mit Konflikten innerhalb Ihres Teams oder team- bzw. abteilungsübergreifend konfrontiert. Konflikte sollten Sie unbedingt angehen, denn wenn Sie zu deren Lösung beitragen, steigert dies Ihre Akzeptanz unter Ihren Mitarbeitern. Idealerweise erkennen Sie Konflikte früh und können diesen schnell entgegenwirken, doch auch länger schwelende, verdeckte Konflikte sollten Sie bestmöglich entschärfen. Dabei ist es jedoch nicht ratsam, eine sofortige, vorschnelle Lösung herbeizuführen, sondern lernen Sie lieber mit der Situation umzugehen, bis es eine zufriedenstellende und von allen akzeptierte Lösung gibt. Bedenken Sie bei der Beschwichtigung von Konflikten auch eines: Konflikte müssen nichts zwangsläufig Negatives sein, sie dienen auch als offener Austausch von unterschiedlichen Sichtweisen und Meinungen sowie zur Hinterfragung eingefahrener Muster und Verhaltensweisen.

Zur Bewältigung von Konflikten sollten Sie einen kooperativen, kompromissbereiten Ansatz wählen und beide Parteien anhören, idealerweise an einen Tisch bringen. Am Ende muss der Konflikt überwunden werden und da hilft es nur, wenn Sie gemeinsam darüber reden und eine Lösung erarbeiten. Verdrängen, sich anpassen sowie Situationen akzeptieren bringen Sie und Ihre Mitarbeiter auf lange Sicht nicht weiter und können zur Abstumpfung bis hin zur Selbstaufgabe führen. Die Beteiligten werden nicht mehr produktiv arbeiten, sondern ausschließlich Dienst nach Vorschrift machen.

Im Falle von Veränderungen, die durchgeführt werden müssen, sollten Sie ebenfalls keine falsche Scheu an den Tag legen, sondern sich aktiv auf mögliche Change-Prozesse einstellen und Ihr Team abholen. Diktieren Sie nicht einfach, dass gewisse Änderungen durchgeführt werden müssen, sondern nehmen Sie Ihr Team mit auf die Reise: Erläutern Sie, was diese Änderung für die Abteilung oder das Unternehmen bedeutet, welche Vorteile sie mit sich bringen kann und welche Risiken Sie sehen. Lassen Sie auch Ihr Team zu Wort kommen und nehmen Sie Bedenken ernst. Sicher finden Sie gemeinsam eine Lösung.

Von besonderer Sensibilität für eine Führungskraft ist der Umgang mit Fehlern im Team. Ihre Mitarbeiter müssen Sie einschätzen können und keine Angst haben dürfen, mit Ihnen über Fehler zu sprechen. Geben Sie sich in dieser Hinsicht unberechenbar und sind schwer einschätzbar, kann es passieren, dass einerseits aufgrund von Angst mehr Fehler gemacht werden und bzw. oder andererseits Fehler vertuscht werden. Etablieren Sie eine offene Fehlerkultur, denn sicher ist: Auch Sie machen Fehler. Warum sollten Ihre Mitarbeiter nicht das gleiche Recht haben?

Natürlich passieren idealerweise keine oder nur kleine Fehler, aber wir leben nicht in einer idealen Welt und es passieren immer wieder kleinere oder größere Pannen. Überlegen Sie: Was ist eigentlich ein Fehler? Gibt es einen Formatierungs-, Rechtschreib- oder Grammatikfehler in einem Dokument oder einer Präsentation? Führt dieser zu einem finanziellen Schaden oder einem Imageverlust? Und sind Sie als Führungskraft eventuell für den Fehler mitverantwortlich, weil Sie Ihren Mitarbeiter nur unzureichend informiert oder eingewiesen haben?

Verzichten Sie auf generelle Schuldzuweisungen und „Fingerzeigen", denn Ihr Mitarbeiter wird sich in dem Fall sowieso nur verteidigen und eine Abwehrhaltung einnehmen. Arbeiten Sie lieber gemeinsam mit Ihrem Mitarbeiter oder am besten mit Arbeitsgruppen oder dem gesamten Team daran, Strategien zur Fehlervermeidung und Selbstkontrolle zu erarbeiten. Und selbst wenn Sie einmal mit einem Ihrer Mitarbeiter etwas eindringlicher reden müssen, da dieser häufig Fehler macht: Bleiben Sie konstruktiv, erarbeiten Sie Lösungsansätze und reagieren Sie – sofern kein Notfall vorliegt – mit einigen Tagen Verzögerung, um nicht Ihre eigenen Emotionen mit ins Gespräch zu tragen, sondern aus einer gewissen Distanz heraus agieren zu können.

Umgang mit wahrgenommenen (Un-)Gerechtigkeiten und (Un-)Gleichheiten

In den allermeisten Fällen bauen Sie sich kein vollständig neues Team (in einer vollständig neuen Organisation) auf, sondern kommen als neue Führungskraft in ein bestehendes Team, dessen Aufbau, Strukturen und Hintergründe teilweise „historisch gewachsen" sind. So wird es sicherlich Unterschiede in Bezug auf Gehälter, Sozialleistungen, technische Ausstattung, Homeoffice-Möglichkeiten etc. geben. Ihnen als kompetente Führungskraft wird es sicher am Herzen liegen, wahrgenommene Ungerechtigkeiten so gut es geht zu reduzieren. Dies gelingt einerseits durch kluge Entscheidungen, andererseits durch die Einbeziehung Ihrer Mitarbeiter. Denn wer an bestimmten Entscheidungsprozessen beteiligt ist und die Hintergründe versteht, dem fällt es leichter, selbst echte Ungerechtigkeiten und Ungleichheiten zu akzeptieren. Insbesondere gilt dies, weil Ungleichheiten nur dann wirklich unfair sind, wenn die Betroffenen die Situation nicht beeinflussen können, wenn sie also nicht die Möglichkeit haben, die Benachteiligung aufgrund von Herkunft, Elternhaus oder Geschlecht durch bestimmte Leistungen und Qualifikationen auszugleichen.

Sie sind als Führungskraft dazu angehalten, zur Verfügung stehende Ressourcen möglichst effizient und gewinnbringend einzusetzen bzw. zu verteilen. Ihr Team erwartet dabei von Ihnen – zu Recht – Gerechtigkeit. Doch nicht immer lassen sich beide Ansprüche miteinander vereinen. Machen Sie also Ihre betroffenen Mitarbeiter zu Beteiligten und beziehen Sie sie bei Ihren Entscheidungen aktiv mit ein. Auch dies ist ein wichtiger Punkt offener Kommunikation und lässt vieles einfacher nachvollziehen. Darüber hinaus kann es zu Leistungssteigerungen und mehr Engagement kommen, wenn Ihre Mitarbeiter die Gründe, aus denen Sie eine bestimmte Verteilung oder Auswahl vornehmen, nachvollziehen können und der Meinung sind, sie könnten diese Kriterien künftig ebenfalls erfüllen, wenn sie gezielt darauf hinarbeiten. Unterstützen Sie sie bei diesem Anspruch an sich selbst und Sie können nur gewinnen.

4. GEZIELTE FÜHRUNG KLEINER MITARBEITERKREISE

Nachdem wir nun Ihre Persönlichkeit, Ihren Einstieg in Unternehmen bzw. Abteilung sowie Ihre ersten Monate als neue Führungskraft betrachtet haben, fokussieren wir uns nun stärker auf das Team an sich sowie die Arbeit mit dem Team. Insbesondere gehen wir hier auf die Arbeit mit kleineren Gruppen ein, da sie charakteristisch für kleine und mittelständische Unternehmen sind. Doch was ist eigentlich ein „kleines Team"? Um im Folgenden besser zu verstehen, worüber wir sprechen, wenn es um „kleine" Gruppen geht, sollte dies vorher definiert werden, was jedoch nicht so einfach ist, denn je nach Literatur finden sich andere Angaben. Außerdem muss man die Teamgröße immer im Verhältnis zum Unternehmen sehen, da „klein" und „groß" auch relative Ausdrücke sind. Grundsätzlich lassen sich Angaben zur Größe kleiner Mitarbeiterkreise finden, die bei drei Personen anfangen und bei ca. 15 Personen enden, wobei Letzteres wohl tatsächlich nur noch relativ gesehen als kleines Team durchgehen kann. Die ideale Teamgröße wird mit „sieben plus / minus zwei" angegeben, beträgt also zwischen fünf und neun Mitgliedern, wenn man die Erkenntnisse von George A. Miller, Kognitionsforscher der Harvard University Mitte der 50er-Jahre aus dem Bereich der Hirnforschung zugrunde legt. Daraus ergibt sich, dass kleine Teams weniger als fünf und große Teams mehr als neun Mitglieder umfassen. Im Kontext dieses Kapitels betrachten wir die Begriffe „Team", „Abteilung" bzw. „Mitarbeiterkreise" als weitgehend synonym, da wir vor allem über das Thema „Führung" sprechen und das betrifft Teams, die nur temporär als Gruppe zusammenarbeiten in ähnlicher bis gleicher Weise wie Abteilungen, die ständig zusammenarbeiten. Beiden Gruppen ist immanent, dass sie die gleichen unternehmerischen Ziele verfolgen und an ähnlichen oder zueinander gehörenden bzw. aufeinander aufbauenden Aufgaben arbeiten. Wo es angebracht ist, werden Unterschiede verdeutlicht. So kann es beispielsweise auch Teams geben, die abteilungsübergreifend oder sogar hierarchieübergreifend aufgebaut sind, während dies in Abteilungen meistens nicht der Fall ist.

Können Sie sich ein Team selbst zusammenstellen oder haben die Möglichkeit einer Restrukturierung, so ist es sinnvoll, Teams möglichst klein zu halten, um eine effiziente Arbeitsleistung zu gewährleisten. Natürlich muss die Größe so gewählt werden, dass die Anforderungen von den Mitarbeitern erfüllt und das Pensum geschafft werden kann und jeder weitere Mitarbeiter im Team erhöht natürlich die zur Verfügung stehende Kapazität und bringt Know-how mit. Allerdings werden Abstimmungen und Absprachen mit wachsender Teamgröße verkompliziert, Entscheidungen benötigen längere Zeit aufgrund ausschweifender Diskussionen und für die Führungskraft bedeutet es mehr Koordination, da es zu Überschneidungen kommen kann und Dinge doppelt oder gar nicht gemacht werden. Zudem laufen größere Teams Gefahr, dass sich ein Mitarbeiter hinter der Masse versteckt, was ein höheres Konfliktpotenzial birgt und zu einem schwindenden Zusammengehörigkeitsgefühl führen kann (frei nach dem Motto „TEAM" bedeutet „Toll, Ein Anderer Macht's"). Achten Sie außerdem bei der Zusammenstellung eines Teams darauf, dass es möglichst eine ungerade Anzahl an Mitarbeitern umfasst, damit im Falle einer Abstimmung auch ein Ergebnis und keine „Patt-Situation" zustande kommt. Zusammengefasst bedeutet dies, die Effizienz eines Teams steigt nicht proportional zur Anzahl seiner Mitglieder, sondern ist eher als degressive Steigung zu verstehen. Insbesondere gilt dies für Aufgaben, die eine gemeinsame bzw. voneinander abhängende Bearbeitung erfordern, jedoch selbst dann, wenn Aufgaben getrennt voneinander bearbeitet werden, da sich manch einer einfach mehr darauf verlässt, dass ein anderer schon einspringen wird, als wenn er selbst und allein verantwortlich wäre. Lassen Sie im Zweifel Aufgaben lieber eigenverantwortlich von Ihren Mitarbeitern bearbeiten und separat abgeben, anstatt ein Team zu bilden. Eine proportionale, vielleicht sogar progressive Effizienzsteigerung wäre wohl nur im Falle eines Brainstormings zu erwarten, wo jeder kreative Kopf eine neue Idee hervorbringen oder eine vorhandene weiterentwickeln kann.

Im Folgenden werden wir auf die besonderen Herausforderungen eines kleinen Teams eingehen und sowohl deren alltägliche Begleitung und Intensität des Führungsbedarfs näher betrachten als auch einen Exkurs zur Führung auf Distanz wagen.

4.1 BESONDERHEITEN BEI DER FÜHRUNG KLEINERER MITARBEITERKREISE

Im Großteil aller Unternehmen sind heutzutage kleinere Teams und Arbeitskreise weitaus gängiger als große, nahezu unüberschaubare Abteilungen, die „historisch gewachsen" sind und inoffiziell aus mehreren Teams oder Arbeitsgruppen zu bestehen scheinen. Selbst solche großen Abteilungen werden heutzutage eher in einzelne Teams oder Gruppen eingeteilt, um die einzelnen Einheiten schlagkräftiger, einsatzfähiger und dynamischer zu gestalten. Von den Vorteilen kleinerer Teams profitiert nicht nur das Unternehmen an sich, sondern auch Sie als Vorgesetzter sowie Ihre Mitarbeiter, denn Menschen neigen dazu, sich in kleineren Gruppen wohler zu fühlen. Hier können Sie unmittelbar einen sichtbaren Beitrag leisten und werden gesehen, anstatt in der Masse zu verschwinden. Im Folgenden erläutern wir einige Besonderheiten solcher Teams.

Fokus auf dem richtigen Personal und gutem Fachwissen

Je kleiner das Team, das Sie führen, desto wichtiger ist es, richtige und gute Personalentscheidungen zu treffen und ggf. Konflikte sehr schnell und nachhaltig anzugehen. Die einzelnen Mitarbeiter im Team müssen zueinanderpassen und gut miteinander arbeiten können, dazu gehört auch, sich aufeinander verlassen zu können. Je kleiner die Gruppe, desto enger arbeitet man in der Regel zusammen und lernt sich zwangsläufig kennen. Aus Ihren Mitarbeitern müssen keine Freunde werden, die auch in ihrer Freizeit unzertrennlich sind, jedoch sollten sie sich die acht Stunden tägliche Bürozeit über verstehen und zumindest beruflich gut miteinander klarkommen.

Dies macht wiederum Neueinstellungen nicht einfacher, da Sie nicht nur darauf achten müssen, dass der neue Kollege zur Position und den Anforderungen passt, sondern dass er von der Persönlichkeit her auch zu Ihrem Team passt. Es sollte sowohl charakterlich als auch von den Einstellungen, der Arbeitsmoral und dem Arbeitseifer her passen. Auch können Sie sich in einem überschaubaren Team nicht unbedingt ausgewiesene Spezialisten leisten, sondern sollten eher nach vielfach talentierten und universell einsetzbaren Kollegen Ausschau halten. Im Zweifel muss jeder Kollege jeden anderen aus der Gruppe vertreten können, da liegt der Fokus eher auf einer schnellen Auffassungsgabe und „Allround-Erfahrung" denn auf besonders tiefgehendes Wissen in einem (hoch-)spezialisierten Bereich. Benötigen Sie besonderes Fachwissen, sollten Sie in dem Fall lieber Wissen von außen einkaufen, entweder in Form einer Dienstleistung oder einer Schulung. Je nach Größe und Struktur des Unternehmens haben Sie eventuell sogar die Möglichkeit, benötigtes Wissen intern zu beschaffen, indem Sie sich einen Mitarbeiter einer anderen Abteilung, der über eben dieses Wissen verfügt, zeitweilig „ausleihen" oder als Inputgeber konsultieren.

Priorisierung von Aufgaben, Digitalisierung von Prozessen

Eine „gerechte" Verteilung vorausgesetzt hat jeder Arbeitnehmer als Individuum betrachtet die gleiche Auslastung und das gleiche Pensum zu schaffen. Fällt nun ein Mitarbeiter bei Ihnen aufgrund von Krankheit oder allein schon wegen Urlaub oder einer Fortbildung aus, so muss dieses Pensum von Kollegen bewältigt werden. Während dieses Pensum in einem größeren Team auf mehrere Köpfe verteilt werden kann und somit jeder während der Abwesenheit des betreffenden Kollegen nur eine geringe zusätzliche Belastung zu bewältigen hat, fällt diese Mehrbelastung umso deutlicher auf, je kleiner die Gruppe ist. Daher ist es wichtig, dass insbesondere in kleineren Gruppen keine „Arbeitsbeschaffungsmaßnahmen" erledigt werden, sondern ausschließlich wichtige, dem Unternehmensziel zuträgliche Aufgaben. Übernehmen Sie ein Team, so überprüfen Sie alle Tätigkeiten genau auf unnötige Aufgaben bzw. auf Prozesse, die man verschlanken kann. Hinterfragen Sie wirklich alles, denn häufig steckt selbst hinter einer auf den ersten Blick logischen Erklärung eigentlich bloß die Angst, dass der eine Prozess oder die eine Aufgabe wegfällt, der oder die viel Zeit am Tag kosten, man daraufhin Kapazitäten übrig hat und damit der Job überflüssig werden könnte oder man sich neuen Aufgaben widmen muss, in denen man nicht so geübt ist. Man müsste dann Neues lernen und ist besorgt, neue Dinge vielleicht nicht mehr so schnell zu erlernen wie früher und dadurch vielleicht in Misskredit zu geraten. Diese Sorge von Mitarbeitern ist sehr existenziell, da es um den Job, also die Existenzgrundlage geht, und muss daher mit äußerster Vorsicht behandelt werden. Dennoch schützt dies nicht davor, Prozesse zu hinterfragen und Veränderungen durchzuführen. Wichtig ist jedoch, dass Sie Ihre Mitarbeiter mit auf die Reise nehmen und Veränderungen nicht diktieren, sondern gemeinsam an neuen Wegen und Lösungen arbeiten. Je mehr Ideen aus dem Team heraus kommen, desto eher sind Ihre Mitarbeiter gewillt, Veränderungen für sich zu akzeptieren, den Sinn dahinter zu verstehen und diese gewinnbringend und mit Arbeitseifer umzusetzen. Geben Sie Ihren Mitarbeitern ein Ziel sowie eine Vision und berücksichtigen Sie auch deren Ideen.

Vielleicht können Sie auch Aufgaben an eine andere Abteilung oder Gruppe übergeben. Dies lässt sich insbesondere dann gut argumentieren, wenn diese Aufgabe nur für die andere Abteilung, nicht aber für Ihre oder das Unternehmen an sich einen konkreten und direkten Mehrwert bietet. Sofern die besagte Abteilung ebenfalls an die Informationen herankommen kann, lassen Sie diese gleich die Aufgabe selbst machen. Sie haben andere Dinge mit Ihrem (kleinen) Team zu erledigen. Manchmal sorgt allein die geplante Übergabe einer solchen Aufgabe dafür, dass sich am Ende herausstellt, dass diese Arbeit eigentlich doch gar nicht mehr benötigt wird oder auf einfachere oder schnellere Art erledigt werden kann. Sollte eine Übergabe nicht möglich sein, überlegen Sie, ob es eine Vereinfachung gibt, ob sich die Aufgabe vielleicht automatisieren lässt oder wie Sie digitale Tools einsetzen können, um bestimmte Prozesse zu vereinfachen. Vielleicht gibt es eine einfache Software-Lösung, ein kostenloses Tool aus dem Internet oder ein kurzes Makro, welches Sie zwar einmal installieren oder für einen gewissen Invest programmieren lassen müssen, welches Ihnen dann aber den Alltag doch enorm erleichtert. Für die teaminterne Kommunikation und schnelle Abstimmungen greifen Sie zudem lieber auf ein informelles Messaging-Tool zurück, anstatt ständig E-Mails zu schreiben. Eine E-Mail hat informativen, anleitenden, anweisenden oder bittenden Charakter und kann gut abgelegt bzw. archiviert werden. Für schnelle Reaktionen und kurze Informationen sollten Sie eine Chat-Funktion nutzen. Diese regt viel mehr zum Austausch von Meinungen an, weil die Mitarbeiter hier deutlich informeller schreiben können und spontaner reagieren, als erst bei einer E-Mail auf „antworten" zu klicken, zum hundertsten Mal mit „Hallo Herr/Frau Sowieso" zu beginnen und mit „Viele Grüße, XY" zu enden. In sinnvolle Software oder Erweiterungen sollten Sie heutzutage also definitiv investieren. Das Papierzeitalter ist vorbei und wird nicht wiederkommen.

Ein weiterer wichtiger Punkt ist, dass Sie die Aufgaben in Ihrer Gruppe priorisieren müssen. Es muss jedem klar sein, welche Aufgaben am ehesten, selbst wenn auch diese wichtig sind, wegfallen oder später erledigt werden können, sollte einmal „Not am Mann" sein und sogar mehrere Mitarbeiter zeitgleich ausfallen. Das Kerngeschäft muss weitergehen, alles andere ist in dem Moment optional. Darüber hinaus muss jeder wissen, wer welche Aufgaben vertretungsweise übernimmt und welche Unterstützungsregeln bei unausgeglichenem Arbeitsaufkommen temporär gelten. Denn niemand sollte sich mit unwichtigen Dingen beschäftigen, während ein anderer aufgrund beispielsweise eines temporär unnatürlich hohen Auftragsvolumens Überstunden macht und sein Pensum trotzdem nicht schafft. Solche Regelungen und Pläne sorgen für Zufriedenheit, Vertrauen und eine gute Stimmung im Team.

Orientieren Sie sich generell an der 80-20-Regel: Mit 20 % Einsatz müssen 80 % der Ergebnisse erzielt werden. Mit den restlichen 80 % Einsatz erfolgt dann der Feinschliff zu 100 % oder idealerweise sogar darüber.

Führung vs. Mitarbeit

Je nach Aufstellung Ihres Teams kann es sein, dass Sie in besonders kleinen Arbeitsgruppen auch als Führungskraft einige operative Aufgaben miterledigen müssen, sei es zumindest als Vertretung im Urlaubs- oder Krankheitsfall oder sogar ganz regulär. Dies hat einige ganz klare Vorteile, birgt jedoch auch ein paar Risiken, die es zu berücksichtigen gilt:

Vorteilhaft an einer Mitarbeit im eigenen Team ist, dass Sie Abläufe und Prozesse genau kennen und auch mit den alltäglichen Schwierigkeiten und Problemen konfrontiert werden. Sie erleben die Arbeit in Ihrem Wirkungsbereich aus einer „Betroffenensicht" statt nur als „Dritter", dem allenfalls gelegentlich Bericht erstattet wird. Dank ebenso tiefer Kenntnisse vom aktuellen Stand und Fortschritten sind Sie jederzeit gegenüber Vorgesetzten, anderen Abteilungen und sogar Kunden oder Lieferanten auskunftsfähig, wobei man spürt, dass Sie wissen, wovon Sie sprechen. Je näher Sie an Ihrem Team sind, desto besser lernen Sie Ihre Mitarbeiter kennen, sodass Sie schon bald deren jeweils individuelle Arbeitsweise und Leistungsvermögen gut einzuschätzen wissen. Packen Sie selbst mit an, wenn es in Ihrer Abteilung einmal knapp wird, so wirkt sich dies sehr positiv auf Ihre Mitarbeiter aus, denn Sie fungieren als Vorbild und signalisieren Interesse daran, dass Aufgaben erledigt und Ihre Mitarbeiter nicht hoffnungslos überlastet werden. Außerdem haben Sie so einen umfangreichen und tiefgängigen Einblick in Aufgaben und Prozesse, sodass Sie Standards und Erwartungen an Ihre Mitarbeiter stellen (können), die realistisch sind und die Sie selbst ebenfalls erfüllen könnten. Auf die Art verdienen Sie sich zudem Respekt und Wertschätzung bei Ihren Mitarbeitern, denn wenig ist schlimmer als unerfüllbare Zielvorgaben und Erwartungen, die ein Vorgesetzter an seine Mitarbeiter stellt, nur weil er keine Ahnung von der praktischen Arbeit in seiner eigenen Abteilung hat.

Allerdings birgt die operative Mitarbeit für Sie als Führungskraft auch einige Herausforderungen, die Sie meistern müssen, um langfristig als Führungskraft anerkannt zu werden und nicht eines Tages als Kollege zu gelten. Beispielsweise müssen Sie von Beginn an darauf achten, dass Sie den Switch zwischen "Kollege sein" und "Vorgesetzter sein" umgesetzt bekommen. Schließlich wirkt es merkwürdig, dass Sie im einen Moment gemeinsam mit Ihren Mitarbeitern an operativen Aufgaben arbeiten und im nächsten Moment Anweisungen geben, Kritik üben oder sogar disziplinarische Konsequenzen ziehen. Sparen Sie daher nicht, wenn es um positive Dinge geht, damit Sie jederzeit und nicht nur im hoffentlich seltenen Fall der Kritik oder Disziplinarmaßnahmen als Vorgesetzter und Weisungsgeber wahrgenommen werden. Geben Sie also auch positives Feedback und bieten Sie Ihre Unterstützung an, wenn Sie Probleme bei Mitarbeitern sehen und holen Sie sich auch Ihrerseits gerne Feedback sowie Kritik von Ihren Mitarbeitern ein. Je offener Sie kommunizieren, desto offener wird Ihr Team mit Ihnen sein, dennoch muss es in beide Richtungen stets respektvoll ablaufen. Niemals sollten Sie eine „Ich mache das sowieso schneller und besser"-Mentalität an den Tag legen, denn das wirft große Unsicherheiten und Unmut im Team auf und Ihre Mitarbeiter könnten schnell resignieren. Wenn Sie über bestimmtes Wissen oder bestimmte Fähigkeiten verfügen, unterrichten Sie Ihre Mitarbeiter und nehmen Sie andererseits auch deren Wissen und Fähigkeiten auf. Niemand in Ihrer Abteilung, auch nicht Sie, sollte über Inselwissen verfügen und dieses (aus Angst davor, sich ersetzbar zu machen) bunkern. Beachten Sie gleichermaßen, dass Sie sich nicht nur die spannendsten oder „prestigeträchtigsten" Aufgaben heraussuchen und ungeliebte Aufgaben vom „Fußvolk" erledigen lassen. Entweder sind Sie neben Ihrer Tätigkeit als Führungskraft auch im operativen Geschäft tätig, dann sind Sie aber ein „Gleicher unter Gleichen" oder Sie müssen keine operativen Aufgaben übernehmen und konzentrieren sich auf Ihren Job als Führungskraft.

Zeigen Sie Präsenz und seien Sie kommunikativ

Möglicherweise denken Sie, dass Sie bereits ausreichend präsent in Ihrem Team sind, insbesondere, wenn Sie eng mit Ihren Mitarbeitern zusammenarbeiten. Jedoch ist diese Präsenz (quasi als Kollege) nicht die gleiche wie die Präsenz als Führungskraft. Geben Sie Ihren Mitarbeitern nicht das Gefühl, dass Sie mit Ihren Sorgen und Problemen allein gelassen werden, sondern verabreden Sie regelmäßige kurze

Gespräche mit jedem einzelnen Mitarbeiter. Selbst bei sehr enger Zusammenarbeit ist ein Gespräch unter vier Augen etwas komplett anderes. Ihre Mitarbeiter benötigen diesen Austausch mit ihrem Vorgesetzten, in dem Sie regelmäßig über Fortschritte, Perspektiven und besondere Vorkommnisse sprechen sollten. Vernachlässigen Sie bei aller operativer Arbeit nicht Ihre Verantwortung und Ihre Aufgaben als Führungskraft.

Aufgrund Ihrer Nähe zum Team und zu jedem einzelnen Mitarbeiter haben Sie die Möglichkeit, aufkommende Konflikte und Unstimmigkeiten rechtzeitig zu erkennen. Finden Sie möglichst schnell die Ursache dafür und sorgen Sie in Zusammenarbeit mit den Betroffenen Lösungsansätze. Vergessen Sie dabei nicht, dass auch Sie selbst die Ursache für eine schlechte Stimmung im Team sein können, wenn Sie (bewusst oder unbewusst) einzelne Teammitglieder anders behandeln als andere oder Ihre Mitarbeiter bei bestimmten Veränderungen oder Entscheidungen nicht aktiv miteinbezogen haben. Je kleiner das Team, desto verheerender können die Auswirkungen solcher Problematiken sein. Nehmen Sie also Ihre Fürsorgepflicht als Führungskraft wahr und arbeiten Sie aktiv am Teamzusammenhalt.

4.2 STRUKTUR UND PROZESSBEGLEITUNG ALS FÜHRUNGSKRAFT

In diesem Kapitel soll es nun um die Steuerung Ihres Teams gehen und um die Beantwortung der Frage, wie viel Eingreifen von Ihnen erforderlich ist und wann Sie Ihr Team besser auch einmal sich selbst überlassen. Ohne zu viel vorwegzunehmen, kommt es bei guter Führung auf das richtige Timing und die jeweilige Situation an, anstatt pauschal zu sagen, dass hier oder dort mehr oder weniger Führung respektive Selbstständigkeit angebracht sind. Doch am Ende ist es Ihre Führungsexpertise, die Ihr Team auf Erfolgskurs bringen kann.

Einerseits gilt es hierbei mehrere Aspekte zu beachten, beispielsweise das Arbeitsklima und den Arbeitseifer innerhalb der Gruppe. Im Rahmen Ihrer Führung können Sie Ihre Bemühungen auf unterschiedliche Aspekte ausrichten, so können Ihnen beispielsweise die grundsätzliche Zufriedenheit jedes Einzelnen im Sinne eines guten allgemeinen Arbeitsklimas sehr am Herzen liegen, oder Sie schüren den Eifer und steigern die Produktivität im Sinne einer Aufgabenfokussierung. Sicher denken Sie an dieser Stelle, eine Kombination aller Aspekte wäre nicht verkehrt. Und genau dort liegt die Herausforderung für Sie als Führungskraft, denn das Ziel, damit die Abteilung schließlich „allein läuft", sollte sein, dass Ihre Mitarbeiter sowohl engagiert und eifrig als auch motiviert und zufrieden sind. Dabei ist es von besonderer Bedeutung, dass weder Zielvorgaben noch Strukturen und Anreize fehlen. Erst wenn Sie als Führungskraft dieser Gruppe alle Aspekte entwickeln und fördern, läuft Ihr Team rund und kommt auch eine Zeit lang ohne Sie zurecht (etwa, wenn Sie länger im Urlaub oder in ein bestimmtes Projekt eingebunden sind). Trotz allem werden Sie jedoch immer wieder nachjustieren müssen, da Menschen dazu neigen, bei nachlassendem „Druck" in alte Muster zurückzufallen. Darüber hinaus brauchen Ihre Mitarbeiter Richtlinien von Ihnen, nach denen Sie handeln können und dürfen sowie Handlungsspielräume, innerhalb derer sie Entscheidungen auch allein treffen dürfen. Je mehr Sicherheit und Vertrauen Sie Ihrem Team entgegenbringen, desto motivierter und leistungsstärker werden Ihre Mitarbeiter sein.

Andererseits sind zwei der vorgenannten Aspekte (die Aufgabe und die Gruppe) zusammen mit einem dritten Aspekt – dem Individuum – auch vor dem Hintergrund des aus der Psychologie (Mitte der 50er-Jahre nach Ruth Cohn) stammenden Team-Dreiecks zu betrachten. Alle drei Aspekte müssen von Ihnen als Führungskraft zufriedenstellend bedient werden, damit sich Ihre Mitarbeiter wohlfühlen und im abgesteckten Rahmen verantwortungsvoll arbeiten und selbstständig entscheiden können. Die Aufgaben (und Ziele), die Sie vorgeben, müssen klar definiert, machbar, aber dennoch herausfordernd sein, denn Ihre Gruppe benötigt ein gemeinsames, übergeordnetes Ziel, auf das sie hinarbeiten kann. Wichtig ist ebenfalls, dass die Aufgabenverteilungen (und Vertretungsregelungen) klar sind, die zur Verfügung stehenden Ressourcen optimal genutzt werden und die Ansprüche an Ihre Mitarbeiter den Kapazitäten und Fähigkeiten des Einzelnen sowie der Gruppe gerecht werden. Innerhalb Ihres Teams gilt es dann die Zusammengehörigkeit der Gruppe zu überprüfen: Gibt es bereits einen gewissen Zusammenhalt oder bestehen (unterschwellige) Konflikte bzw. Probleme? Kennt man sich bereits, vertraut und unterstützt man sich gegenseitig oder herrscht eher eine misstrauische, distanzierte Stimmung? Ist sich jeder seiner Position und Rolle im Team bewusst? Die Gruppe, deren Mitglieder täglich miteinander zu tun haben, muss eine positive Grundstimmung aufweisen und Schutz sowie Sicherheit bieten. Alles andere vergiftet auf längere Sicht das gesamte Arbeitsklima. Jede Gruppe besteht aus mehreren Individuen, es sind Arbeitnehmer, Menschen mit unterschiedlichen Fähigkeiten, Voraussetzungen, beruflichen sowie privaten Zielen, Wünschen, Werten und Ansichten. Die Aufgaben in Ihrem Team sowie die Stimmung an sich müssen die individuellen Bedürfnisse Ihrer Mitarbeiter zumindest zu einem großen Teil befriedigen, damit sich die Zufriedenheit des Einzelnen wiederum auf die Gruppe und damit die Arbeitsleistung überträgt. Es gilt, diese drei Aspekte auszubalancieren, denn gegenteilige Effekte können dafür sorgen, dass sich die Mitarbeiter selbst aufgeben, sich zurückziehen oder sogar bereits innerlich abschließen und kündigen. So kann es beispielsweise für Ärger in der Gruppe sorgen, wenn ein Individuum stets aus der Reihe tanzt und dies geduldet wird, wenn Sie also einen oder zwei anders (bevorzugt?) behandeln als andere. Wird ein Mitarbeiter jedoch vernachlässigt, so gehen seine persönlichen Ziele unter, finden keine Beachtung und er wird sich nicht weiter für das Team und die Erreichung der Ziele engagieren. Geben Sie der Gruppe zu wenig Orientierung, so arbeitet jeder nach seiner Fasson, denn woran soll man sich auch orientieren? Am Ende trifft man sowieso nicht die Erwartungen und Vorstellungen, also bleibt man sicherheitshalber beim klassischen Dienst nach Vorschrift.

Wie viel Führung und wie viel Selbstständigkeit nötig sein wird, kann Ihnen niemand pauschal sagen, denn diese Aspekte sind hochgradig individuell und abhängig von den vorgenannten Kriterien. Sie als Führungskraft sollten stets als Vorbild fungieren und eine Orientierung bieten, jedoch können Sie auch nicht verlangen, dass sich jeder an Ihnen orientiert und Sie bzw. Ihr Verhalten, Ihren Eifer und Ihre Einstellungen „nachahmt". Nicht jeder Mensch verfügt über das gleiche Maß an Eigenverantwortung und Selbstständigkeit, nicht jeder ist von sich heraus gleichermaßen motiviert und engagiert. Manch einer benötigt einfach mehr Führung als sein Kollege und dass, obwohl beide im privaten Umfeld vielleicht ähnliche Voraussetzungen haben (Haus gebaut, eine Familie gegründet, etc.). Vielleicht denken Sie sich manchmal, weshalb Sie eigentlich Ihrem Mitarbeiter jeden Arbeitsschritt täglich aufs Neue detailliert erklären müssen, während dieser doch privat auch seine Steuererklärung geregelt bekommt und Elternabende besuchen kann. Oder Sie wundern sich, dass der Kollege, der das neueste Auto, das modernste Smartphone und den hochwertigsten Gaming-PC besitzt, in der Firma noch nicht einmal eine Tastatur ohne Ihre Unterstützung austauschen kann. All dies sind vollkommen natürliche Vorgänge, die beispielsweise aus schlechten Erfahrungen heraus oder aus Ängsten resultieren können. Diese Menschen brauchen beruflich etwas mehr Führung, wollen an die Hand genommen, mitgenommen werden und können erst dann ihr volles Potenzial ausschöpfen. Auch von diesen Mitarbeitern können und müssen Sie mit klaren Worten und Anweisungen Leistungen einfordern, nur müssen Sie sie auf ihrem Weg ein Stück weit unterstützend begleiten.

Insgesamt lässt sich die Kombination aus „an die Hand nehmen" und „laufen lassen" im situativen Führungsstil zusammenfassen und auf den Punkt bringen. Auf diesen werden wir im späteren Kapitel 5 noch genauer eingehen. Dieser Stil ist durch Kooperation, gemeinsame Entscheidungen, anregende Diskussionen, gegenseitige Rücksichtnahme sowie argumentatives Überzeugen gekennzeichnet, kurzum ist es ein sehr individueller Führungsstil sowohl in Bezug auf das jeweilige Individuum als auch in Bezug auf die jeweilige Situation. Je besser Sie Ihr Team kennenlernen, desto ausgeprägter wird Ihr Gespür dafür, wie Sie Ihre Gruppe handhaben, wann Ihr Eingreifen und wann ein Zurückhalten Ihrerseits erforderlich ist. Fungieren Sie als Coach, bringen Sie Vertrauen entgegen und übertragen Sie Verantwortungen, dann wird Ihre Gruppe motiviert sein und begeistert von Ihnen lernen und im Falle einer (längeren) Abwesenheit Ihrerseits selbstbewusst und angstfrei die richtigen Entscheidungen (bzw. Entscheidungen, die in Ihrem Sinne sind) fällen.

4.3 FÜHREN AUF DISTANZ: TEAMS IM HOMEOFFICE UND HYBRIDE TEAMS

Die Themen „Arbeiten im Homeoffice" und „Arbeiten in hybriden Teams" gewinnen nicht zuletzt aufgrund der Pandemie seit 2020 immer mehr an Bedeutung. Hybride Teams sind dadurch gekennzeichnet, dass sie nicht gemeinsam physisch an einem Ort sitzen, sondern an mehreren unterschiedlichen Standorten arbeiten. Dies beginnt bei einer Aufteilung der Mitarbeiter zwischen Büro und Homeoffice, bewegt sich über die Verteilung über mehrere Firmenstandorte und reicht bis hin zur Verteilung über den gesamten Erdball, inklusive mehrerer Zeitzonen. Und all diese Mitarbeiter können zusammen in einem Team für den gleichen Vorgesetzten arbeiten. Da wir uns in diesem Buch thematisch in kleinen bis mittelständischen Unternehmen bewegen, legen wir den Fokus in diesem Abschnitt auf die Distanz-Führung von Teams, die sich zum Teil im Büro, zum Teil im Homeoffice, oder aber gänzlich im Homeoffice befinden.

Das Konzept des Arbeitens aus dem Homeoffice heraus ist an sich nichts Neues, jedoch war es insbesondere in der klassischen Sachbearbeitung oder ähnlich gelagerten Bürotätigkeiten bisher nicht großartig verbreitet. Wenn, dann arbeiteten vor allem „Einzelpersonen" ohne direkte Teamzugehörigkeit (z. B. Stabsstellen, Manager ohne Personalverantwortung,

Außendienst-Leitungen, die ohnehin jederzeit von überall arbeiten können, etc.) oder in Ausnahmefällen bei längeren Krankheiten wie Knochenbrüchen oder im Fall der Pflege von Angehörigen von zu Hause aus. Nicht zuletzt bedingt durch besagte Pandemie wurden die Möglichkeiten des häuslichen Arbeitens deutlich vorangetrieben und von so vielen Arbeitnehmern wie möglich erwartet und wahrgenommen. Dadurch ergaben sich nun neue Herausforderungen, denn von einem auf den anderen Tag arbeiteten plötzlich Teile des Teams oder sogar das komplette Team ausschließlich von zu Hause aus. Eine ungewohnte und neue Situation, sowohl für die Unternehmen als auch für die direkten Vorgesetzten und die Mitarbeiter selbst. Die meisten von ihnen hatten noch nie zu Hause gearbeitet bzw. ein Homeoffice-Team geleitet.

Die wohl größte Herausforderung an der Leitung eines sich (teilweise) im Homeoffice befindlichen Teams ist, dass die Mitarbeiter nicht mehr „sichtbar" sind und sich damit nicht mehr im direkten Zugriff befinden. Sie benötigen daher gute Kenntnisse über die Tätigkeiten Ihrer Mitarbeiter und müssen ihnen vertrauen (oder Möglichkeiten zur Überprüfung der Arbeitsleistung finden). Ihnen muss klar sein, wie Ihre Mitarbeiter arbeiten und wie stark diese ausgelastet sind. Beachten Sie zudem, dass sich keine Fronten zwischen den Kollegen im Büro und denen zu Hause bilden, wenn die eine Partei plötzlich der Meinung ist, dass die andere Partei nicht mehr die gewohnte Leistung bringt. Versuchen Sie, diese Unstimmigkeiten objektiv anzugehen oder bieten Sie beispielsweise rotierende Systeme an, sodass jeder mal die Möglichkeit hat, im Homeoffice zu arbeiten. Zu berücksichtigen ist hierbei einerseits die Arbeit an sich (bestimmte Dinge sind einfach nicht aus dem Homeoffice heraus machbar, weil bestimmte Materialien im Büro zwingend benötigt werden oder weil es die Technik (noch) nicht zulässt) und andererseits auch die Motivation der Mitarbeiter selbst. Nicht jeder ist im Homeoffice genauso produktiv oder gar produktiver, weil er die Kollegen um sich braucht, nur in seiner gewohnten Umgebung ablenkungsfrei arbeiten kann oder weil er schlicht keinen (ruhigen) Arbeitsplatz fernab der Familie etc. hat.

Verabschieden sollten Sie sich von dem Gedanken, dass die Anwesenheit im Büro gleichbedeutend ist mit „Mitarbeiter arbeitet" und die Arbeit aus dem Homeoffice für Sie einen nicht tragbaren Kontrollverlust bedeutet und dass der Mitarbeiter dort nicht produktiv arbeitet. Gehen Sie dazu über, dass die gesamte Arbeitsleistung sowie die Ergebnisse zählen und weniger, wie und wann der Mitarbeiter diese Leistung erbracht hat. Natürlich müssen Sie grundsätzlich die Auslastung kennen und wissen, ob der Mitarbeiter ausreichend Arbeit für seine vertraglich vereinbarte Arbeitszeit hat und einige Jobs sind auch zeitkritisch, da sie zu bestimmten Uhrzeiten durchzuführen sind oder weil Kollegen auf die Ergebnisse angewiesen sind und die Aufgabe daher nicht plötzlich abends um acht Uhr, statt wie sonst gewohnt morgens um acht Uhr erledigt werden kann. Natürlich sind Liefertermine einzuhalten oder das Telefon im Kundenservice muss zu bestimmten Zeiten besetzt sein, aber grundsätzlich ist es doch irrelevant, ob der Mitarbeiter zu Hause kurz seine Waschmaschine ausräumt, seinen Geschirrspüler einschaltet oder den Handwerker reinlässt. Oder was meinen Sie, was der vielbeschäftigte, eifrig in die Tastatur hauende Kollege den ganzen Tag im Büro tut? Es ist längst normal, dass tagsüber private E-Mails geprüft, Chats beantwortet und Social Media Accounts gepflegt werden. Auch Urlaube werden gebucht oder Arzttermine vereinbart, ganz zu schweigen von den diversen „Schnacks" an der Kaffeemaschine oder auf dem Flur. Wichtig ist, dass Sie gute Ergebnisse und grundsätzlich reibungslose Prozessabläufe sicherstellen und dass Sie im Blick haben, dass kein Mitarbeiter dauerhaft zu viel Freilauf hat, während andere in Arbeit untergehen. Jeder hat Tage, in Ausnahmefällen mal Wochen (Projekte, Urlaubs- oder Krankheitsvertretungen), in denen er mehr arbeitet und stärker ausgelastet ist, als ursprünglich vereinbart, genauso wie jeder mal Zeiten hat, in denen er deutlich mehr Freilauf hat als normal. Im Mittel sollte dies aber an jedem Arbeitsplatz ausgewogen sein, sodass Ihre Mitarbeiter gut beschäftigt sind, aber dennoch ausreichend Zeit für Pausen und Kapazitäten für Vertretungen und Unterstützungen sowie für sporadische Sonderaufgaben haben.

Die Vorteile des Arbeitens im Homeoffice liegen klar auf der Hand: Sofern die Mitarbeiter von zu Hause arbeiten können und wollen, steigert dies oftmals deren Zufriedenheit und Produktivität, da sie Lebenszeit (Anfahrt, Stau, Parkplatzsuche etc.) sowie Geld (Verschleiß am Auto, Sprit, Bus- oder Bahnticket) einsparen, was sich wiederum effizienzsteigernd auf das gesamte Team auswirkt. Außerdem benötigen hybride oder vollständig separierte Teams eine bessere Organisation in Bezug auf klarere Aufgabenbeschreibungen und Verantwortungsbereiche bzw. Zuständigkeiten sowie auf transparentere und intensivere Kommunikation. Bedenken Sie, dass insbesondere in hybriden Teams diejenigen Mitarbeiter im Homeoffice nicht mehr aktiv am „Flurfunk" teilnehmen, keine gemeinsamen Pausen mehr machen und nicht mal eben spontane Gespräche mitbekommen. Definieren Sie also, wie kommuniziert wird und für welche Situationen welche Medien genutzt werden und wenden Sie als Vorbild die eingeführten Medien häufig und passend an. E-Mails bieten sich beispielsweise für Arbeitsanweisungen und wichtige Informationen genereller Natur an, auch Auswertungen oder Dokumente können Sie per E-Mail an Ihre Mitarbeiter senden. Chats oder andere Software zur Zusammenarbeit bieten sich für schnelle Informationsweitergabe, kurze Absprachen oder Diskussionen an, möglicherweise können Sie hier sogar Einzel- und Gruppenchats einrichten. Diskussionen mit mehreren Teilnehmern per E-Mail zu führen ist kontraproduktiv und wichtige generelle Informationen in einem Chat zu übermitteln, dient mehr dazu, dass die Info untergeht bzw. in Vergessenheit gerät. Eine E-Mail ist besser archivierbar als ein Chat. Definieren Sie auch Zuständigkeiten und Verantwortlichkeiten, wobei grundsätzlich davon auszugehen ist, dass jeder seinen Job zu Hause genauso (gut) erfüllt wie im Büro, ohne dass größere Umstrukturierungen oder Umverteilungen notwendig sind. Die Grundvoraussetzung, dass Homeoffice möglich ist, ist die einwandfreie Funktion der IT-Infrastruktur. Mit der richtigen Software können dann sogar z. B. die Kollegen des telefonischen Kundenservice von zu Hause arbeiten.

Online-Meetings

Befindet sich das Team ganz oder teilweise im Homeoffice, sollten Sie Team-Meetings ausschließlich virtuell stattfinden lassen. Gemischte Meetings, in denen einige Kollegen gemeinsam im Besprechungsraum sitzen und andere virtuell zugeschaltet werden, arten schnell im Chaos aus und die meisten klinken sich aus. Setzen Sie solche Meetings, die die gesamte Gruppe bzw. komplexe Team-Entscheidungen betreffen, daher für alle als Online-Meeting an und bitten Sie zudem um Aktivierung der Videofunktion, damit Mimik und Gestik bestmöglich für alle erkennbar sind. Dann ist es zwar noch immer ein Unterschied zwischen live und online, aber kein allzu großer.

Bei Online-Meetings ist die Vorbereitung besonders wichtig, damit alle sich beteiligen können und mitgenommen fühlen. Ihre Mitarbeiter brauchen vorab eine klare Agenda und müssen wissen, was Sie von ihnen (von jedem Einzelnen oder als Gruppe vorab erarbeitet) erwarten. Jedem muss klar sein, welchen Beitrag er leisten und wann er was präsentieren soll. Dabei sollten die jeweiligen Präsentationen und Vorträge kürzer ausfallen als die eigentliche Diskussion zum Thema. Lassen Sie Ihre Mitarbeiter hierfür auch in einem bestimmten Zeitrahmen die Chat-Funktion nutzen, damit jeder seinen Beitrag leisten und zu Wort kommen kann, anstatt den Vortritt (un-)freiwillig einigen wenigen Monologhaltern zu lassen.

Zu Beginn von Teamrunden und auch Einzelgesprächen sollten Sie sich unbedingt Zeit für Small Talk mit Ihren Mitarbeitern nehmen bzw. auch einfach „nur mal so" anrufen, als würde man sich zum kurzen Plausch in der Kaffeeküche treffen. Bedenken Sie, dass insbesondere bei hybriden Teams ein Teil des Teams nicht mehr am aktiven „Flurfunk" teilnimmt bzw. dieser gar nicht mehr existiert und die Informationsweitergabe nun auf anderen Kanälen und andere Arten stattfinden muss. Wiederum können Ihre Mitarbeiter auch Chats, Telefone und sonstige Kommunikationskanäle nutzen, um an Informationen zu gelangen und je „versteckter" eine Kommunikation stattfindet, desto eher entstehen Gerüchte. Versuchen Sie dieser Entwicklung vorzubeugen, indem Sie stets klar und offen und ohne großartige Zeitverzögerung kommunizieren.

5. MODERNER FÜHRUNGSANSATZ

Als Führungsstil bezeichnet man gemeinhin sämtliche Bestrebungen von Führungskräften, ihre Mitarbeiter anzuleiten und zur Bearbeitung regelmäßig wiederkehrender sowie seltener bis einmaliger Aufgaben im Sinne der Unternehmens- bzw. Abteilungsziele zu befähigen und zu motivieren. Dies inkludiert die notwendige Weitergabe relevanter Informationen, eine Coachingfunktion des Vorgesetzten sowie nötigenfalls disziplinarische Maßnahmen durch jenen. Die Erfolge dieser Bestrebungen sind vor allem in der abrufbaren Leistung, der Effektivität, der Gesamtstimmung sowie der Zufriedenheit (Beschwerden, Fluktuation) der Mitarbeiter dieses Vorgesetzten messbar.

5.1 KLASSISCHE STILE

Die Grundlagen der Führungsstilforschung sowie deren Definition gehen auf Kurt Lewin (1930er-Jahre) zurück, die er mithilfe psychologischer Untersuchungen durchgeführt und gesammelt hat. Diese Ansätze gelten heute als klassische Führungsstile und wurden über die Jahre hinweg mehrfach weiterentwickelt und stets den Herausforderungen der aktuellen Zeit angepasst.

Autoritärer, Laissez-faire und demokratischer Führungsstil

Lewin definierte folgende drei Führungsstile: den autoritären Stil, den Laissez-faire-Stil und den demokratischen Stil. Während sich autoritär und Laissez-faire nahezu diametral gegenüberstehen, bildet der demokratische Führungsstil eine Art Kooperation aus beiden Stilen. Gekennzeichnet sind die Stile folgendermaßen:

- **Autoritärer Stil:** Die Führungskraft macht klare Vorgaben, kontrolliert Prozesse, Leistungen und Ergebnisse und trifft Entscheidungen im Alleingang. Zwischen Team und Vorgesetztem findet wenig gegenseitiger Austausch statt, es herrscht ein klares Gefüge aus Ordnung und Unterordnung. Es wird eine hohe Disziplin erwartet, jedoch ist das Verhalten der Mitarbeiter auch durch Anpassung, Resignation und Passivität gekennzeichnet. Kurzzeitig führt dieser Führungsstil zu hohen Leistungen, da Angst vor Kontrolle und Konsequenzen bei schlechter Leistung herrscht, nimmt die Führungskraft allerdings den Druck weg (beispielsweise durch Abwesenheit), so lässt die Leistung der Mitarbeiter rapide nach.

- **Laissez-faire Stil:** Die Führungskraft nimmt ihre Aufgaben kaum wahr, leitet ihr Team wenig an und zeigt generell kaum wahrnehmbare Präsenz. Ansagen und Führung sind durch Unverbindlichkeit und Nachgiebigkeit gekennzeichnet, was bei den Mitarbeitern Gefühle der Verunsicherung und Vernachlässigung hervorruft. Jeder Mitarbeiter arbeitet für sich und macht seine Aufgaben, wie er es für richtig hält. Für Einzelkämpfer möglicherweise geeignet, da dadurch gute Einzelergebnisse erzielt werden, für das Gemeinschaftsgefühl und die Teamarbeit jedoch wenig geeignet.
- **Demokratischer Stil:** Führungskraft und Team stimmen sich gemeinsam miteinander und untereinander ab, Entscheidungen werden – wo möglich – demokratisch gefällt. Es herrscht ein gewisses Vertrauensverhältnis in die Kompetenzen und Leistungen der Mitarbeiter und die Führungskraft geht durchaus individuell auf jeden einzelnen ein. Wenn die Führungskraft abwesend ist, kommt die Gruppe eine gewisse Zeit ohne sie aus und schafft es, sich selbst zu organisieren.

Aufgaben- und mitarbeiterorientierter Stil

In den 1950er-Jahren wurden Führungsstile im Rahmen der Ohio-Studien als aufgaben- bzw. mitarbeiterorientiert klassifiziert. Zwar lassen sich der autoritäre und der Laissez-faire Stil als aufgabenorientiert und der demokratische Stil als mitarbeiterorientiert einstufen, allerdings ging man in den 50ern von einem anderen Ansatz im Verhalten der Führungskraft aus.

Beim aufgabenorientierten Stil liegt der Fokus, wie der Name vermuten lässt, auf der Erfüllung von Aufgaben bzw. Zielen des Unternehmens. Es wird, ggf. unter einem gewissen

Druck, die volle Leistung der Mitarbeiter bzw. des gesamten Teams gefordert, gute und schlechte Mitarbeiter deutlich als gute bzw. schlechte Beispiele hervorgehoben und Fehler klar adressiert. Auch hier lässt sich unter bestimmten Voraussetzungen die Leistung kurzfristig stark erhöhen, allerdings rückt hierbei in der Regel die Zufriedenheit der Mitarbeiter in den Hintergrund, da Stress und Furcht vorherrschen.

Der mitarbeiterorientierte Stil legt wiederum deutlich mehr Wert auf das Wohlergehen der Mitarbeiter und auf die positive Stimmung im Team. Um Aufgaben und Ziele zu erfüllen, werden Mitarbeiter angeleitet und zur Leistung befähigt. Hinzu kommt, dass die Führungskraft in die Fähigkeiten, das Wissen und die Fachkenntnisse der Mitarbeiter vertraut. Diese Herangehensweise birgt die Gefahr, dass das Team keine Leistungsspitzen erbringen kann, weil der Fokus nicht ausschließlich auf der Erreichung von Zielen und Erfüllung von Aufgaben liegt. Dafür ist die Stimmung im Team und damit auch die Zufriedenheit des Einzelnen erhöht.

Idealerweise kann die erfolgreiche Führungskraft beide Aspekte gleich gut berücksichtigen, dann sind Zufriedenheit und Zielerreichung ausgewogen und auf hohem Niveau. In der Praxis überwiegt jedoch meistens ein Part (stark), sodass entsprechende Vor- und Nachteile erkennbar sind. Scheitern wird die Führungskraft in dem Moment, wenn auf keinem der beiden Aspekte ein Fokus liegt und sowohl Gruppe als auch Aufgabe vernachlässigt werden bzw. jeder Dienst nach Vorschrift und eigenem Ermessen verrichtet.

Situatives Führen

Mitte der 1960er-Jahre begann man zunehmend, situativ nach unterschiedlichen Ansätzen zu führen. Grundsätzlich führt die Führungskraft im situativen Stil nicht nur auf eine Art, sondern variiert je nach Situation, Gegebenheit und Mitarbeiter ihre Art des Führens. Mal liegt der Fokus auf der Fertigstellung der Aufgabe, mal wird auf die Bedürfnisse und Sorgen des Mitarbeiters höherer Wert gelegt.

Situatives Führen:
Kontingenzansatz

Ende der 1960er-Jahre stellte Fiedler mit seinem Kontingenzansatz die Überlegung auf, dass der Führungsstil von der Beziehung zwischen Führungskraft und Mitarbeiter und den jeweiligen Eigenschaften der Beteiligten abhängt. Daher variiert die Art der Führung je nach aktuell vorherrschendem Klima und Anspruch der Aufgaben. Mit diesem Gedanken war der erste Schritt des situativen Führens getan.

Nach seinem Ansatz wurde der aufgabenorientierte Führungsstil immer dann angewendet, wenn es in die „Extreme" ging, also entweder dann, wenn sowohl ein entspanntes Gruppenklima herrschte, als auch die Aufgabe locker zu bewältigen war, oder auch dann, wenn zwar ein angespanntes Klima herrschte, aber die Aufgabe auch besonders anspruchsvoll war. Im ersten Fall „läuft es einfach" und die Führungskraft hat Zeit und Gelegenheit, Abläufe zu optimieren und bestmögliche Ergebnisse zu erhalten. Im zweiten Fall muss – unbeeindruckt von der Stimmung – erst einmal der Fokus auf die Erledigung der Aufgabe gelegt werden, weshalb klar und deutlich Erwartungen kommuniziert werden müssen.

Die Stimmung ist sowieso schon ruiniert, darum kann man sich nach erfolgreicher Erledigung der Aufgabe kümmern.

Ist entweder die Aufgabe anspruchsvoll und schwierig zu bewältigen, die Stimmung dafür aber gut oder andersherum (einfache Aufgabe, unentspanntes Gruppenklima), so führt die Führungskraft eher mitarbeiterorientiert. Entweder muss sie die Bearbeitung der Aufgabe über ihre Beliebtheit und den Gruppenzusammenhalt steuern, oder sie hat Zeit und Gelegenheit, sich um die Pflege der Stimmung in der Gruppe zu kümmern, während das Tagesgeschäft quasi „nebenbei" erledigt wird.

Situatives Führen: Entscheidungstheorie

Anfang der 1970er-Jahre entwickelten Vroom und Yetton in ihren Forschungen einen Entscheidungsbaum für Führungskräfte, anhand dessen diese Ratschläge erhielten, wie sie Entscheidungen fällen und auf Situationen reagieren konnten. Dazu mussten die Führungskräfte unterschiedliche Führungsstile (autoritär und kooperativ sowie die Abstufungen dazwischen) beherrschen, um stets angepasst reagieren zu können. Mittels „Ja- / Nein-" Antworten bewegten sie sich durch den Baum und erhielten schlussendlich einen Vorschlag zur angemessenen Reaktion am Fuß des Baumes angezeigt. Grundsätzlich stand die Frage im Raum, ob in dieser Situation vollständig allein entschieden werden kann oder soll, eine Entscheidung demokratisch durch die gesamte Gruppe gefällt werden kann oder ob die Führungskraft nach Beratung durch ihre Mitarbeiter allein entscheidet. Hier ist der Grad der Partizipation von Bedeutung: Entweder fragt die Führungskraft nur ein paar Kollegen oder die gesamte Gruppe, entweder holt sie nur Infos ein und entscheidet trotzdem allein oder es wird innerhalb der Gruppe entschieden und jeder trägt die Entscheidung demokratisch mit. Fragen, die in etwa so lauten: „Habe ich ausreichend Informationen für eine alleinige Entscheidung?", „Wird meine Entscheidung von allen Mitarbeitern akzeptiert?" bzw. „Muss die Entscheidung für die weitere Zusammenarbeit akzeptiert werden?" oder „Wird es Konflikte zwischen Mitarbeitern bzgl. der besten Lösung geben?" führen die Führungskraft die Entscheidungspfade entlang zum Ziel. Hierbei gibt es einige Abhängigkeiten, sodass man beispielsweise ohne Wissen und ohne Konsultation oder bei sehr unklaren Problemen nicht allein entscheiden darf, um die Qualität nicht zu gefährden, oder bei dringend notwendiger Akzeptanz durch die Mitarbeiter sollte ebenfalls nicht allein entschieden werden, damit die Gruppe die Entscheidung leichter mittragen kann.

Situatives Führen: Reifegradmodell

Ende der 1970er-Jahre definierten Hersey und Blanchard ihr Führungssystem nach dem Reifegradmodell. Auch dieses Modell geht davon aus, dass die Führungskraft situativ auf die Erfordernisse der jeweiligen Situation und Mitarbeiter eingehen kann, indem sie den Führungsstil variiert. Mehrere Szenarien sind denkbar und müssen angegangen werden:

- **Der Mitarbeiter kann und will nicht (wenig Kompetenz, geringe Motivation):** Hier geht die Führungskraft idealerweise aufgabenorientiert vor, leitet an, macht Vorgaben und sorgt auf diese Weise für die Bewältigung der Aufgabe. Erst im Nachgang wird der Mitarbeiter dann noch über die beziehungsorientierte Schiene angegangen, um ihn zu motivieren und zu einem vollwertigen Gruppenmitglied zu entwickeln.

- **Der Mitarbeiter kann nicht, will aber (wenig Kompetenz, hohe Motivation):** Diese Situation ist beispielsweise bei einem Abteilungs- oder Unternehmenswechsel der Fall, wenn der Mitarbeiter noch nicht über die nötigen Kenntnisse und Fähigkeiten verfügt. Auch dieser Mitarbeiter braucht Unterstützung auf der Aufgabenseite, denn die Motivation ist bereits vorhanden. Über eine verständnisvoll-argumentative Ebene kann die Führungskraft die Anleitung und Aufgabenerfüllung noch auf der beziehungsorientierten Seite unterstützen.

- **Der Mitarbeiter kann, will aber nicht (hohe Kompetenz, geringe Motivation):** Dieser Mitarbeiter muss auf der mitarbeiterorientierten Ebene überzeugt und unterstützt werden, denn über die nötigen Kenntnisse und Fähigkeiten verfügt er bereits. Die Führungskraft muss Nachhilfe bei der Erklärung der Sinnhaftigkeit der Aufgabe und der Einbettung in das Große und Ganze und die Zielerreichung des Unternehmens leisten.

- **Der Mitarbeiter kann und will (hohe Kompetenz, hohe Motivation):** Der Mitarbeiter ist auf dem besten Weg zur Selbstständigkeit. Idealerweise besteht das Team nur aus solchen Mitarbeitern, denn dann kann die Gruppe allein laufen und kommt temporär sogar ohne die Führungskraft aus. Diese Mitarbeiter übernehmen gerne anspruchsvollere Aufgaben, die sie weiter motivieren und die ihnen Selbstvertrauen schenken. Durch ihre guten Leistungen danken die Mitarbeiter der Führungskraft für ihr Engagement, sie erhält den Lohn für ihren Invest.

Führen durch Ausübung von Macht

Anfang der 1980er-Jahre stellte Henry Mintzberg die These der Beeinflussung der Ergebnisse durch die Ausübung von Macht auf. Die Macht der Führungskraft legitimierte sich durch die übergeordnete Stellung, ihr war aufgrund dessen Respekt entgegenzubringen. Die Führungskraft verfügte über Inselwissen und Beziehungen, welche(s) nur der Führungskraft zusteht, weshalb sie Macht und Kontrolle durch positive und negative Verstärkungen, durch gezielte Informations(nicht)weitergabe oder allein durch ihre Position ausüben kann.

Nach einem Überblick über die klassischen Führungsstile sowie die zugehörigen Forschungsansätze folgen im nächsten Kapitel die modernen Ansätze der heutigen Zeit. Dabei bedeutet ein „klassischer" Stil allerdings nicht, dass der Stil per se veraltet ist, die Grundtendenzen zeigen sich selbstverständlich auch heute noch. Nur unterliegt die Art der Führung von Gruppen genau wie so viele andere Dinge dem Wandel der schnelllebigen, modernen Zeit und befindet sich in steter Weiterentwicklung.

5.2 MODERNE ANSÄTZE

Mit Beginn der 2000er-Jahre hat sich das Führungsverständnis grundlegend geändert. Die Zeit der autoritären Chefs, der Überwachung und Kontrolle war vorbei und auch die Funktion des Anleitens und Anweisens durch den Vorgesetzten fiel immer mehr weg. Führung bekam ein zunehmend kooperatives Verständnis, nicht nur zwischen Vorgesetztem und Mitarbeiter, sondern auch unter den Mitarbeitern als Gruppe. Man war nun mehr und mehr überzeugt davon, dass die Erfolge des Unternehmens nicht mehr nur allein von den Geschicken und Fähigkeiten der Führungskräfte abhingen, sondern dass auch die Mitarbeiter ihren nicht unwesentlichen Anteil hieran hatten. Um Engagement und Motivation der Mitarbeiter zu erhalten und zu steigern, mussten die Unternehmen in ihre Mitarbeiter investieren und für attraktivere Arbeitsbedingungen sorgen, denn heutzutage scheuen die Mitarbeiter auch nicht mehr vor einem Wechsel des Arbeitgebers zurück. Globale Vernetzungen, Digitalisierungen und nicht zuletzt auch ein generelles Umdenken der Gesellschaft (weniger Familiengründungen, steigender Anstieg der Single-Haushalte) machen solche Entscheidungen immer leichter und die entsprechenden Schritte einfacher in der Umsetzung.

Transaktionales und transformationales Führen

Unter transaktionalem Führen versteht man das sehr direkte Lenken von Mitarbeitern durch die Führungskraft, indem Erfolge und Misserfolge direkt durch Belohnungen prämiert bzw. durch Sanktionen bestraft werden. Die Führungskraft knüpft Gehaltserhöhungen, Boni oder Beförderungen an die Erreichung bestimmter Ziele, die zuvor mit dem Mitarbeiter vereinbart wurden. Wichtig dabei ist, dass die Ziele anspruchsvoll, aber nicht utopisch sind und das regelmäßiges

Feedback in beide Richtungen stattfindet. Auf jede Aktion eines Mitarbeiters erfolgt eine Reaktion des Vorgesetzten bzw. des Unternehmens. Durch diese Art des Führens können in kurzer Zeit relativ gute Ergebnisse erzielt und das gesamte Unternehmen vorangetrieben werden. Doch solche Entwicklungen gehen nicht auf Dauer, da Gehälter nicht ins Unermessliche gesteigert, nicht monatlich Boni ausgezahlt werden können oder jemand jedes halbe Jahr befördert werden kann. Das Tempo wird gedrosselt und die Motivation bzw. die Arbeitsleistung sinkt. Auch fördert der transaktionale Führungsstil, trotz seines modernen, kooperativen Ansatzes keine dauerhafte Änderung von Verhalten, Einstellungen oder Werten, da der Mitarbeiter lediglich auf die kurzfristige Zielerreichung fixiert ist, nicht aber auf den Weg dorthin und daher schnell nur zum eigenen Vorteil arbeitet. Langfristig kommt der Mitarbeiter auf diese Weise nicht erfolgreich voran und lernt nichts dazu. Ein Gruppenzugehörigkeitsgefühl innerhalb des Teams bleibt meistens ebenfalls auf der Strecke, weil die Mitarbeiter eher auf ihre eigenen Vorteile bedacht sind und persönlich vorankommen wollen. „Schwächere" können sie dabei nicht gebrauchen und müssen auch keine Rücksicht nehmen, da ihre zu erreichenden Privilegien persönlicher Natur sind und nicht vom Gruppengedanken oder Teamaufgaben abhängen. Für Menschen, die sich nicht (so sehr) durch Geld oder Status motivieren lassen, eignet sich dieser Führungsstil nicht. Sie legen den Fokus vermehrt auf soziale Faktoren wie Freizeitausgleich, Weiterbildungsmöglichkeiten oder betriebliche Einrichtungen wie ein Fitnessstudio oder ein Kindergarten. Insgesamt eignet sich der transaktionale Führungsstil eher als Ergänzung eines anderen Führungsstils, um gelegentlich oder einmalig Anreize zu setzen für ganz bestimmte, dem Unternehmen zu dem Zeitpunkt sehr wichtige Ziele oder Aufgaben bzw. im Rahmen eines Projektes, in das große Hoffnung gesteckt wird.

Das transformationale Führen geht hingegen einen großen Schritt weiter: Hier stellt die Führungskraft ein Vorbild dar, das Werte und Einstellungen anhand der Vision des Unternehmens übernommen und für sich verinnerlicht hat und diese an die Mitarbeiter weitergibt. Die Führungskraft handelt loyal und integer im Sinne des Unternehmens, anhand dessen Vision und Leitbildern, und geht als gutes Beispiel für ihre Mitarbeiter voran. Durch ihre Überzeugungskraft erarbeitet sich die Führungskraft Respekt, Vertrauen und Wertschätzung. Im Gegensatz zur extrinsischen Motivation beim transaktionalen Führen werden Mitarbeiter beim transformationalen Führen intrinsisch motiviert, was eine nachhaltigere und effektivere Form der Motivation darstellt, da diese Art der Motivation aus der Person selbst entwickelt und nicht durch externe Faktoren bestimmt wird. Was einfach klingt, ist jedoch harte Arbeit: Die Führungskraft muss jeden Mitarbeiter individuell fördern und unterstützen und auf seine persönlichen Eigenarten eingehen und diese bis zu einem bestimmten Grad berücksichtigen. Nur so werden die Mitarbeiter selbstständiger und können Höchstleistungen erbringen. Wichtig ist, dass auch hier mit Fingerspitzengefühl und Sensibilität agiert wird. Die Werte des Unternehmens werden von der Führungskraft vorgelebt, es soll ein „so möchte ich auch sein"-Bild ergeben und keineswegs darf etwas übergestülpt oder auf Biegen und Brechen durchgesetzt werden. Bei sich hartnäckig haltenden abweichenden Ansichten müssen Sie als Führungskraft Verständnis zeigen und die eigenen Werte und Einstellungen reflektieren. Möglicherweise haben Sie auch die Vision des Unternehmens anders verstanden oder übernommen? Oder womöglich wird es für das Unternehmen langsam Zeit umzudenken?

Der transformationale Stil eignet sich gut für agile, dynamische Teams und zur Förderung der kreativen Arbeit und Selbstorganisation der Mitarbeiter. Je selbstständiger die Mitarbeiter werden und je mehr Vertrauen sie zu ihrer Führungskraft aufbauen, desto weniger Stress kommt auf. Die Mitarbeiter entwickeln Spaß an und ein Bewusstsein für Eigenverantwortung, wodurch mittelfristig bessere Unternehmensergebnisse erzielt werden können. Die Mitarbeiter entwickeln Zusammengehörigkeitsgefühle und identifizieren sich leichter mit den Unternehmenszielen, da sie die gleichen Werte und Einstellungen verfolgen. Sie finden mehr Befriedigung und Zufriedenheit in der gemeinsamen Sache, da jeder einzelne sichtbar mehr zum Großen und Ganzen beiträgt, als wenn jeder als Einzelkämpfer auf seine eigenen Ziele hinarbeitet. Eine solche Motivation ist nur von kurzer Dauer und muss ständig erneuert werden. Die intrinsische Motivation im Rahmen des transformationalen Stils hingegen hält längerfristig an und wird – wenn die Gruppe erst einmal laufen gelernt hat – mit der Zeit etwas entspannter für die Führungskraft.

Shared Leadership

Unter Shared Leadership versteht man ein neuartiges Konzept von Führung, in dem die Führungsrolle unter den einzelnen Teammitgliedern aufgeteilt wird. Der Vorgesetzte übernimmt nur noch die Rolle der Koordination innerhalb des Teams, die eigentliche Verantwortung liegt bei einigen oder allen Teammitgliedern, wobei diese nicht zwangsläufig eine höhere Hierarchieebene bekleiden. Ein ähnliches Konzept ist das „Management by Exception", bei dem jeder einzelne Mitarbeiter eine hohe Eigenverantwortung trägt, viele Entscheidungen selbstständig trifft und trägt, während die Führungskraft selbst nur in Ausnahmesituationen oder ganz speziellen Fällen konsultiert wird bzw. entscheidet. Alltägliche Aufgaben und Probleme und wichtige Entscheidungen werden innerhalb der Gruppe gelöst, wobei jeder seine eigenen Fachkenntnisse, Fähigkeiten und Erfahrungen einbringen kann. Diese Vielfalt an Optionen und Wissensständen bietet einem Unternehmen besondere Chancen bei der Lösung von Problemen und bei kreativer Ideenfindung. Außerdem fördert die demokratische Zusammenarbeit innerhalb der Gruppe den Erfolg von Arbeitsprozessen und Zielerreichungen. Durch gemeinsam getragene Entscheidungen übernimmt jeder Einzelne Verantwortung und steht hinter der Entscheidung, anstatt sie einfach vom Vorgesetzten (unhinterfragt) zu übernehmen.

Ein derartig neues Führungskonzept zu etablieren, gewinnt immer mehr an Bedeutung, da die einzelnen Sachverhalte in den Unternehmen an Komplexität zunehmen, schnellere Reaktionen und Anpassungen erforderlich machen und überdies die Mitarbeiter heutzutage mitgestalten und selber Verantwortung übernehmen wollen. Sie möchten kreativ sein dürfen, ihr Wissen und ihre Erfahrungen einbringen können, anstatt stumpf das zu tun, was man ihnen sagt und jeden Tag gleich ablaufend die Arbeit zu erledigen. Ersteres fördert Engagement, Motivation und Leistungsbereitschaft, was sich wiederum positiv auf die Zielerreichung der Abteilung sowie des gesamten Unternehmens auswirkt.

5.3 WORAUF ES BEI MODERNER FÜHRUNG ANKOMMT

Die Art, Mitarbeiter zu führen, unterlag in den letzten Jahrzehnten einem steten Wandel. In den beiden vorangegangenen Kapiteln haben wir die Entwicklung der klassischen und modernen Führungsstile dargelegt. Nun wollen wir zusammenfassen, was denn eigentlich moderne Führung ausmacht und worauf es bei ihr ankommt.

Zwar ist es nicht mehr die Aufgabe von Ihnen als moderne Führungskraft, jeden Morgen Anweisungen zu verteilen, genaue Vorgaben zum Arbeitsablauf zu machen und Tagesziele vorzuschreiben. Die moderne Führungskraft muss die Abläufe und Prozesse nicht von allen am besten kennen und über Fachwissen verfügen, das sonst niemand hat. Dennoch ist es wichtig, dass zu bearbeitende Aufgaben, insbesondere, was das Tagesgeschäft sowie größere, besondere Aufgaben betrifft, und auch grobe Abläufe und Prozesse bekannt sind. Sie als Vorgesetzter müssen die Aufgaben schließlich von der Komplexität her und vom Zeitaufwand, aber auch von der Bedeutung bewerten können, sowohl um die Mitarbeiter selbst als auch die Gruppe als Ganzes bewerten zu können, aber auch, um die Bedeutung der Abteilung innerhalb des Unternehmens einordnen und zur Not verteidigen zu können. Ein sehr guter Vorgesetzter, dessen Abteilung wichtige Aufgaben im Rahmen des Tagesgeschäfts oder wichtige Vorarbeiten, ohne die andere Abteilungen nicht fortfahren können, wahrnimmt, sollte zur Not die wichtigsten Aufgaben eigenständig vertreten können. Schließlich tragen Sie als Führungskraft die Verantwortung für reibungslose Prozesse und Abläufe und werden dementsprechend ebenfalls von Ihrem Vorgesetzten bewertet.

Als Führungskraft ist es wichtig, dass Sie in der Lage sind, Ziele anhand der Unternehmensziele für Ihr Team auszuarbeiten, Ihren Mitarbeitern vorzustellen bzw. mit diesen gemeinsam zu erarbeiten und die Umsetzung der Ziele gemeinsam weiterzuverfolgen und umzusetzen. Lehren Sie Ihre Mitarbeiter die Selbstkontrolle, sodass Sie nicht ständig mit dem Zeitplan und der Stoppuhr hinter ihnen stehen müssen, sondern halten Sie stattdessen regelmäßige Feedbackgespräche, in denen Sie sich auf den aktuellen Stand bringen und den jeweiligen Mitarbeiter sich selbst einschätzen lassen. Sie müssen zudem in der Lage sein, dynamisch, flexibel und schnell auf Veränderungen zu reagieren, z. B. um vereinbarte Ziele auch bei veränderten Bedingungen noch erreichen zu können oder auf Abwege geratene Prozesse wieder in die richtigen Bahnen zu lenken.

Moderne Führung zeichnet sich zudem durch Kooperation, Teamfähigkeit und Motivation aus, anstatt selbst erdachte Vorgaben mit Härte und Strenge den Mitarbeitern gegenüber durchzusetzen. Heutzutage lassen sich Mitarbeiter nicht mehr durch Angst und Kontrolle steuern, sie wollen vielmehr mitbestimmen, eigene Ideen einbringen und Dinge hinterfragen dürfen. Andersherum sind Sie als Vorgesetzter auf das Wissen und die Erfahrungen Ihrer Mitarbeiter angewiesen und sollen, müssen und dürfen sich deren Rat für Entscheidungen einholen, wenn nicht sogar grundsätzlich im Team bzw. durch die Mitarbeiter selbst entschieden wird. Je aktiver Ihre Mitarbeiter an Entscheidungsprozessen beteiligt sind, desto eher nehmen sie diese Entscheidungen als ihre eigenen bzw. die ihres Teams (Demokratie) wahr und stehen zu ihnen. So entwickeln Sie Ihre Mitarbeiter zu selbstständig denkenden und handelnden Arbeitnehmern und etablieren eine Kultur der Wertschätzung und Zufriedenheit.

Eine weitere Zutat zum Erfolgsrezept guter Führung ist, dass Sie als Führungskraft standhaft und konstant sind: Ihre Mitarbeiter müssen sich darauf verlassen können, dass Sie eine konstante Linie verfolgen, zu einmal getroffenen Entscheidungen stehen und niemandem in den Rücken fallen, indem Sie Ihre Fahne nach dem Wind richten. Ihre Mitarbeiter müssen vorhersehen können, wie Sie in bestimmten Situationen reagieren, weshalb Sie die Eigenschaft der Unberechenbarkeit nicht Ihr Eigen nennen sollten. Zudem müssen Sie fair entscheiden und einen fairen Umgang pflegen, anstatt dem einen Kollegen für einen kleinen Fehler die Hölle heißzumachen und einem anderen (zufällig Ihrem Lieblingskollegen) einen größeren Fehler einfach durchgehen lassen. Selbstverständlich ist der Umgang mit Fehlern zu jederzeit situativ zu betrachten, es darf nur nicht der Eindruck entstehen, dass Sie einen Mitarbeiter mehr bevorzugen als einen anderen. Wichtiger ist, dass Sie jedem Mitarbeiter genau die Art und Intensität von Führung geben, die dieser Mitarbeiter braucht. Manch einer benötigt mehr Führung und Rücksprache als ein anderer, versuchen Sie auch darauf individuell einzugehen, ansonsten fühlt sich der eine ggf. vernachlässigt und der andere bevormundet, obwohl Sie es doch nur gut gemeint haben mit der Gleichbehandlung.

Verstecken Sie zudem nicht Ihre Persönlichkeit, denn am Ende sind auch Sie bloß eines: menschlich. Sie haben bestimmte Eigenschaften und die gesteht man Ihnen auch zu. Wichtiger als vieles andere ist eine authentische Art im Umgang mit Mitarbeitern, Kollegen und Vorgesetzten, in der Sie sich nicht verstecken oder verstellen brauchen. Gestehen Sie selbst Fehler ein und zeigen Sie Lernbereitschaft, auch das macht Sie in den Augen Ihrer Mitarbeiter menschlich und natürlich. Zögern Sie nicht aus Angst vor Fehlern, Entscheidungen zu fällen.

5.4 VERTRAUEN UND MOTIVATION

Gegenseitiges Vertrauen zwischen Mitarbeiter und Führungskraft sowie Vertrauen in sich selbst ist eine solide Basis guter Führung, funktionierender Arbeitsgruppen sowie von Motivation. Der wohl wichtigste Punkt für alle Beteiligten für den Aufbau von Vertrauen ist sicher jener der Authentizität: Jeder sollte so denken und handeln, wie er es nach außen hin kommuniziert. Nur dann können sich die Kollegen gegenseitig aufeinander verlassen und sich vertrauen. Hierzu gehört nicht nur – auch wenn es ein wünschenswerter Idealzustand wäre – positive Kommunikation und folgende positive Handlungen, sondern eben auch, dass offen zugegeben wird, wenn etwas nicht erledigt werden kann. Es ergibt sich daraus ein gewisser Grad der Zuverlässigkeit, auf den sich andere verlassen können, selbst wenn eine Aufgabe (angekündigt!) nicht erledigt werden kann. Wichtig ist, dass alle miteinander (statt übereinander) reden und sich statt auf Schuldzuweisungen auf konstruktive Lösungen konzentrieren. Daraus lässt sich ein weiterer Punkt ableiten: Konflikte und Probleme müssen angesprochen und besprochen werden, anstatt sie auszusitzen und über sie zu schweigen. Geben Sie darüber hinaus Ihren Mitarbeitern die Möglichkeit zur Beteiligung und aktiven Mitgestaltung. Je mehr Ihre Mitarbeiter ihren Arbeitsalltag mitbestimmen dürfen, desto motivierter sind sie und bauen Vertrauen zu Ihnen auf, da sie das Vertrauen von Ihnen in sie selbst spüren.

Wie bekommen Sie dies nun in die Praxis umgesetzt? Wir möchten Ihnen drei praktische Tipps geben:

- Kontrollieren Sie Ihre Mitarbeiter nicht bzw. so wenig wie irgend möglich oder nötig. Lehren Sie sie stattdessen lieber, wie sie sich selbst auf Aufgaben- und Zielerreichung hin kontrollieren können und führen Sie regelmäßige Feedback- bzw. Statusgespräche.

- Haben Sie keine Angst vor der Wissensvielfalt in Ihrem Team: Jeder Ihrer Mitarbeiter bringt Fachkenntnisse und Wissen aus unterschiedlichen Bereichen mit, profitieren Sie mit Ihrer Gruppe von dieser Vielfalt und nutzen Sie sie gewinnbringend für Ihre Abteilung und das Unternehmen. Sehen Sie sich nicht in Ihrer Kompetenz bedroht.

- Etablieren Sie eine professionelle Fehlerkultur, in der Ihre Mitarbeiter keine Angst haben, Ihnen von Fehlern zu berichten. Stellen Sie Mitarbeiter, die einen Fehler gemacht haben, nicht direkt auf das Abstellgleis, sondern geben Sie ihnen eine zweite und dritte Chance. Selbstverständlich dürfen Ihre Mitarbeiter einen solch scheinbar lockeren Umgang mit Fehlern nicht ausnutzen, daher sollten Sie vielmehr mit konstruktiver Kritik und Unterstützung zur Fehlervermeidung mit Ihren Mitarbeitern arbeiten. Eine angstvolle Umgebung, in der Ihre Mitarbeiter sich nicht trauen, Fehler zuzugeben, fördert hingegen die Fehleranfälligkeit und Vertuschung eben dieser; alles in allem eine von Misstrauen geprägte Umgebung.

Zeigen Sie Ihren Mitarbeitern weiterhin, dass Sie sich gegenseitig vertrauen können, indem Sie aktiv und vertraulich mit ihnen kommunizieren und ihnen bei Problemen zuhören. Bewahren Sie Schweigen über sämtliche Themen, die Sie unter vier Augen besprochen haben.

6. PRAKTISCHE „ALLTAGS-WERKZEUGE"

Haben Sie bis hier gelesen, haben Sie schon eine Menge theoretischen Wissens angesammelt, was es bedeutet, eine gute Führungskraft zu sein. Sie kennen unterschiedliche Führungsstile und wissen Bescheid, wie Sie die ersten Tage, Wochen und Monate als neue Führungskraft erfolgreich überstehen und sich im Team einen Namen machen. Doch Führung ist mehr als das theoretische Wissen, das im Hinterkopf zu haben äußerst lohnenswert ist – Führung ist vor allem gelebte Praxis. Denn jede noch so feine Theorie bringt weder Sie, noch das Unternehmen, noch Ihre Mitarbeiter weiter, wenn Sie sie nicht in die Praxis umsetzen können. Im Folgenden wollen wir Ihnen daher ein paar hilfreiche Alltags-Tipps mit an die Hand geben.

6.1 VERHALTEN

Ihr Verhalten als Führungskraft ist nicht zu vernachlässigen. Sie stehen von jetzt an im Zentrum der Aufmerksamkeit und sollten sich dementsprechend verhalten. Sie werden nicht nur von Ihren Mitarbeitern, sondern auch von Kollegen sowie Vorgesetzten beobachtet.

Zu Beginn kommen Sie als neue Führungskraft in ein Unternehmen oder eine Abteilung und nehmen an, dass Sie direkt Ergebnisse vorweisen müssen. Die einfachste Methode dazu ist, alles zu ändern, was man ändern kann. Indirekt zeigen Sie damit jedoch, dass Sie einerseits unreflektiert handeln, also nichts hinterfragen, sondern einfach machen und dass andererseits alles pauschal schlecht gewesen sein muss. Sie werfen Ihrem Vorgänger damit vor, einen schlechten Job gemacht zu haben und dem Team, inkompetent zu sein, es fühlt sich in Stolz und Berufsehre verletzt, was zu Widerstand und Abneigung führen kann. Viel wichtiger, als einfach Änderungen vorzunehmen nur um etwas zu ändern, ist es, sich einzuarbeiten, das Team für sich zu gewinnen und gegenseitiges Vertrauen aufzubauen. Lernen Sie Aufgaben, Prozesse und Menschen kennen und drücken Sie Ihre Wertschätzung aus für das, was bereits erreicht worden ist und was gut gelaufen ist. Sprechen Sie zudem auch über Dinge, die verändert und hoffentlich verbessert werden können, aber nehmen Sie dabei Ihr Team mit. Versuchen Sie, gemeinsam Ansätze und Lösungen zu entwickeln, anstatt über die Köpfe Ihrer Mitarbeiter (utopische) Vorgaben zu machen.

Kennen Sie Aufgaben, Mitarbeiter und Prozesse, ist es spätestens dann an der Zeit, Vertrauen aufzubauen, indem Sie Verantwortung abgeben und Aufgaben delegieren. Ihre wichtigste Aufgabe ist es zu führen, Sachbearbeitung und

Tagesgeschäft kann und muss abgegeben werden. Dafür haben Sie kompetente Mitarbeiter im Team. Natürlich können (und sollten) Sie einspringen, wenn mal kurzfristiger Personalmangel (Urlaub, Krankheit) herrscht, es darf jedoch nicht Ihre Kernaufgabe sein, das Tagesgeschäft mit zu bedienen. Zum Delegieren gehört auch ein gewisses Maß an Kontrolle (außer, Sie können einem Mitarbeiter blind vertrauen). Besprechen Sie dieses Maß mit Ihrem jeweiligen Mitarbeiter, geben diesem Möglichkeiten zur Selbstkontrolle und Ergebnispräsentation und bewerten Sie keinesfalls den Weg, sondern lediglich das erreichte Ergebnis. Bittet Ihr Mitarbeiter explizit um Hilfe bei der Erreichung des Zieles, helfen Sie ihm natürlich auch auf seinem Weg dorthin. Delegieren kann dabei in unterschiedlichen Stärken erfolgen: Bei neuen bzw. unerfahrenen Mitarbeitern gilt meistens, dass eine von Ihnen vorbereitete und angeleitete Aufgabe einfach umgesetzt wird oder dass die Umsetzung nach eigener Einarbeitung, aber enger Absprache mit Ihnen erfolgt. Fortgeschrittenere Mitarbeiter sollen dann bereits eigene Vorschläge und Möglichkeiten entwickeln, sich für eine Option entscheiden und diese vor Ihnen verteidigen, um Entscheidungen und Argumentationen zu üben. Die Vorstufe zur Selbstständigkeit bildet dann, dass der Mitarbeiter nur noch informiert, bevor die letzte Stufe greift: Der Mitarbeiter gibt keine Rückmeldung mehr, sondern macht einfach. In der Regel kennt man sich zu diesem Zeitpunkt bereits länger, weiß um die Stärken und Schwächen und vertraut in die Kompetenz und Problemlösungsfähigkeit des Mitarbeiters.

Als Führungskraft müssen Sie nicht nur Ziele vorgeben bzw. entwickeln, sondern vor allem das „Warum" erklären können müssen. Dieser Punkt ist eng mit dem Stichpunkt „Motivation" verknüpft, den wir bereits behandelt haben. Ihre Mitarbeiter müssen nicht nur Leitbilder und Visionen kennen, sondern sie einerseits auch verstehen können und andererseits genau wissen, was ihre jeweilige Tätigkeit für einen Mehrwert in Richtung Zielerreichung für das Unternehmen beisteuert. Ihre Mitarbeiter wollen in der Regel ihren Beitrag zum Großen und Ganzen leisten, wollen aber den Sinn in ihrer Tätigkeit sehen, denn manchmal mag es ihnen sinnfrei erscheinen, obwohl die Tätigkeit eine herausragende Bedeutung hat. Setzen Sie sich mit dem „Warum" und mit Ihren Mitarbeitern auseinander und seien Sie dabei loyal gegenüber dem Unternehmen und seiner Vision.

Als Vorgesetzter muss Ihr Verhalten bzw. Ihr Auftreten Ihrer Position im Unternehmen entsprechen: Sie sind jetzt Vorgesetzter und nicht auf der Suche nach Freunden im Team. Dies umzusetzen ist nicht immer leicht, denn es entspricht der Natur des Menschen, gemocht werden zu wollen. Außerdem liegt der potenzielle Erfolg auch darin, wie Sie ins Team gekommen sind: Sind Sie neu ins Unternehmen oder die Abteilung gekommen oder sind Sie aus den Reihen des Teams heraus befördert worden? Bestanden bereits vor der Beförderung Freundschaften oder sogar Verwandtschaften, hat man sich privat getroffen? Solche Konstrukte sind nicht leicht für den beruflichen Alltag, es ist wichtig, dass Sie berufliches von privatem trennen. Sie müssen in der Lage sein, jedem Mitarbeiter gegenüber konstruktive Kritik zu äußern, ehrliches Lob auszusprechen und unangenehme Dinge (bis hin zu Entlassungen) mitzuteilen. Positive Nachrichten müssen ohne den Vorwurf der Bevorzugung aufgrund von Freundschaft überbracht werden können und Konflikte müssen im Zweifel ausgetragen werden, ohne dass Sie Angst um die Freundschaft haben. Mit einer gewissen Distanz (wobei zu viel Distanz ebenso problematisch ist wie eine private Freundschaft oder Kumpelei) fallen diese Themen leichter und wirken gerechter. Denn stellen Sie sich einmal vor, Sie pflegen eine Freundschaft zum besten und fleißigsten Mitarbeiter in Ihrem Team: Bei jedem Lob, jedem noch so kleinen Vorteil oder positiven Aussage diesem Mitarbeiter gegenüber werden sich die anderen Mitarbeiter benachteiligt fühlen, was bis hin zur Entwicklung von Neid, Hass und Missgunst führen kann. Ins Extreme geht dies bei geschlechterübergreifenden Freundschaften. Diesen Vorurteilen und Vorwürfen möchten Sie sich sicher nicht stellen, denn am Ende sind solche Streitigkeiten und Missstimmungen für beide (Sie und besagter Mitarbeiter) sowie für das gesamte Team wenig förderlich.

Ein weiterer wichtiger Punkt, den Sie als Führungskraft in Ihrem Verhalten berücksichtigen müssen, ist Ihre Funktion als Vorbild. Sie leben die Visionen und Leitbilder des Unternehmens vor und sollten sich an die gängigen Richtlinien und Ordnungen Ihres Unternehmens halten, um als gutes Beispiel Ihren Mitarbeitern gegenüber zu fungieren. Diese Funktion ist nicht zu unterschätzen, auch wenn Ihnen das nicht so bewusst sein mag. Vielleicht denken Sie, wozu brauchen erwachsene Menschen, teilweise mit eigener Familie, ein Vorbild, an dem sie sich orientieren können? Doch mindestens einmal untereinander reden Ihre Mitarbeiter miteinander und orientieren sich am Verhalten der Führungskraft oder ziehen es zumindest zur Wertung mit heran. Was Sie von Ihren Mitarbeitern erwarten, sollten Sie genauso vorleben, denn das macht Sie vor allem eines: authentisch. Und einen authentischen Vorgesetzten wissen Ihre Mitarbeiter definitiv zu schätzen und zu respektieren.

6.2 KOMMUNIKATION
(VERSTEHEN UND VERSTANDEN WERDEN)

Zur Kommunikation gehört nicht nur die Weitergabe von Informationen an Ihre Gruppe, regelmäßige Meetings und Absprachen, sondern auch die aktive Kommunikation mit jedem Einzelnen. Sie müssen aktiv kommunizieren können, das Gespräch lenken können und dafür Sorge tragen, dass Sie verstanden werden, aber auch, dass Ihr Mitarbeiter verstanden wird und sich verstanden fühlt. Kommunizieren Sie darüber hinaus vermehrt in der „Wir"- bzw. „Uns"-Form statt Ich-Botschaften zu senden oder Kritik unnötigerweise als persönlichen Angriff erscheinen zu lassen, indem Sie „Du" und „Deine" verwenden. Hierbei ist es immer wieder hilfreich, sich das Kommunikationsquadrat von Friedemann Schulz von Thun ins Gedächtnis zu rufen: Wie sende ich eine Botschaft und wie kommt Sie beim Empfänger an? In der Regel schwingen in jeder Aussage vier Botschaften mit und werden ebenso auf vier Arten vom Empfänger der Nachricht aufgenommen: Die Sachinformation (Worüber wird informiert?), die Selbstkundgabe (Was gebe ich preis bzw. was ist der Sender für ein Typ?), die Beziehungsseite (Wie stehe ich zum Gegenüber? Meistens wird dies nonverbal übertragen) und die Appellseite (Was erwarte ich von meinem Gegenüber bzw. was erwartet mein Gegenüber jetzt von mir?). Eine unmissverständliche Kommunikation auf lediglich einer Ebene ist dabei ein (utopischer) Idealfall, jedoch kann man mit entsprechendem Wissen im Hinterkopf versuchen, so klar und deutlich wie möglich zu kommunizieren und ggf. selbstständig und im Voraus aufkommende Verständnisprobleme beseitigen.

Verstehen und verstanden werden geschieht nicht nur auf verbaler Ebene durch die Wahrnehmung von sachlichen Inhalten, sondern auch nonverbal auf der Beziehungsebene. Um sicherzugehen, dass eine Botschaft korrekt verstanden wurde (durch Sie oder durch Ihren Mitarbeiter), sollte der Zuhörende, der entweder Sie oder Ihr Mitarbeiter ist, das Gesagte in eigenen Worten wiederholen (paraphrasieren). Zusätzlich ist es dann Ihre Aufgabe als Führungskraft, dem Mitarbeiter das Gefühl zu vermitteln, dass dieser richtig verstanden worden ist. Dies gelingt vor allem dadurch, indem Sie die nonverbal übertragenen Botschaften (z. B. durch Körpersprache, Mimik, Stimmlage, Betonung etc.) des Mitarbeiters in Worte fassen (verbalisieren). Unterstreicht die nonverbale Botschaft die verbal übertragene Botschaft, haben Sie eine solide Ausgangsbasis, mit der Sie arbeiten können, selbst wenn der Mitarbeiter Probleme hat, Bedenken äußert oder gar Widerstand gegen Änderungsmaßnahmen äußert. Anders sieht es aus, wenn die (negative) Körpersprache und Intonation des Mitarbeiters absolut nicht seinen (positiven) Aussagen entsprechen. Hier gilt es, mit viel Feingefühl zu agieren, um den Mitarbeiter dazu zu bringen, seine Bedenken und Sorgen offen zu äußern, um eine Basis und Anknüpfungspunkte zu finden, mit denen Sie gemeinsam arbeiten können.

„Verstehen" bedeutet nicht „einverstanden sein". Versuchen Sie, im Gespräch mit Mitarbeitern, die offenkundig Bedenken haben, deren Blickwinkel einzunehmen und sie aufrichtig zu verstehen. Was aus Ihrer Perspektive vollkommen sinnvoll erscheint, mag aus der Perspektive bestimmter Mitarbeiter vollkommener Irrsinn sein. Dies finden Sie jedoch nur heraus, indem Sie aktiv zuhören und verstehen wollen. Wie aber hören wir aktiv zu? Nehmen Sie sich die Zeit für Ihren Mitarbeiter, wenden Sie sich ihm zu, halten Sie Blickkontakt und fokussieren bzw. konzentrieren Sie sich auf das Gespräch. Lassen Sie sich im Gespräch nicht ablenken, weshalb Smartphone, Tablet oder Laptop nichts am Tisch zu suchen haben. Machen Sie Ihre Notizen ggf. auf Papier oder höchstens auf einem der digitalen Geräte, während sich dieses im Flugmodus befindet, sodass Sie von eingehenden Mails, Nachrichten oder anderen Störquellen nicht abgelenkt werden. Lassen Sie Gesprächspausen auf sich wirken und nutzen die Zeit zum Verarbeiten und Nachdenken. Stellen Sie im Laufe des Gesprächs Rückfragen, wiederholen Sie Gesagtes und deuten Sie nonverbale Signale. Zum aktiven Zuhören gehört ebenso, dass Sie nicht unterbrechen, weil Sie denken, Sie könnten etwas abkürzen, wüssten bereits, was gesagt wird oder weil Sie sich schon eine Antwort bzw. Verteidigung zurechtgelegt haben. Lassen Sie Ihr Gegenüber ausreden. Nur dann ist sichergestellt, dass Sie verstehen und sich Ihr Gegenüber verstanden fühlt und daran können Sie gemeinsam anknüpfen.

Dass Sie mit den Bedenken Ihres Mitarbeiters einverstanden sind und aufgrund dessen sämtliche Veränderungen rückgängig machen oder gar nicht erst in Angriff nehmen, bedeutet dies in keinster Weise. Vielmehr haben Sie nun einen gemeinsamen Ausgangspunkt gefunden, von dem an Sie Ihren Mitarbeiter mit auf die Reise nehmen können. Er hatte die Möglichkeit, sich zu öffnen, Bedenken und Sorgen zu äußern und nun können Sie gemeinsam mit ihm neue Chancen und Vorteile erarbeiten. Dies funktioniert bei jedem Mitarbeiter auf unterschiedliche Weise, durch unterschiedliche Herangehensweisen und in unterschiedlichen Tempi.

6.3 MEETINGKULTUR

Meetings sind integraler Bestandteil des Arbeitstages, insbesondere auf Führungsebene, aber auch Meetings mit dem eigenen Team. Allerdings sollten Meetings immer effektiv und effizient sein, da sie sonst schnell wertvolle Arbeitszeit rauben. Wer kennt es nicht: langatmige, aber ergebnislose Diskussionen, Abbruch aufgrund von Zeitüberschreitungen, Vertagungen mit direkter Terminvereinbarung, etc. Doch warum sollte ein Folgetermin fruchtbarer werden, wenn man schon im ersten Anlauf bis ins Bodenlose diskutiert hat? Für eine erfolgreiche Meetingkultur haben wir ein paar Tipps für Sie:

Laden Sie zu einem Meeting ein, sollte aus Ihrer Einladung bereits Ihre Erwartungshaltung hervorgehen: Planen Sie die Zeit möglichst passend ein (kurze Meetings bedeuten kurze Absprachen, in längeren Meetings werden Dinge vorgestellt und es besteht Zeit für Diskussionen). Ebenso gehen Sinn und Zwecks des Meetings aus der Einladung (Titel bzw. Beschreibung und ggf. Agenda) hervor. Folgende Meetingarten könnten dies beispielsweise sein:

- **Planungs- oder Strategiemeeting:** Findet regelmäßig etwa alle drei Monate statt, bei besonderen „Anlässen" wie akute Restrukturierungen durchaus häufiger, bei eingefahrenen Teams möglicherweise alle vier bis sechs Monate und bedarf einer ausführlichen Agenda.
- **Generelle Teammeetings:** Beispielsweise mit Rück- und Ausblicken, ggf. zum Zweck der Verbesserung von Zusammenarbeit, internen Strukturen und Prozessen, findet etwa alle ein bis drei Monate statt, je nachdem, wie eingespielt das Team ist. Eine kurze Agenda ist hier hilfreich.

- **Wöchentliche Statusmeetings:** kurze Meetings von maximal einer Stunde pro Woche zum aktuellen Status von Aufgaben, Projekten und dem Tagesgeschäft. Hier bedarf es keiner Agenda.
- **Daily Stand-up:** Tägliche, sehr kurze Meetings von wenigen Minuten, meistens stehend am Platz oder im Großraum, in denen jeder ganz knapp erzählt, woran er heute arbeitet.

Zudem werden nur direkt „Betroffene" eingeladen, also diejenigen, die einen Beitrag leisten können oder müssen bzw. direkt das Wissen aus diesem Meeting benötigen. Für alle anderen gibt es Protokolle. Je kleiner die Gruppe, desto effizienter das Meeting. Zu einer guten und modernen Meetingkultur gehört auch der professionelle Umgang mit Absagen: Sagt ein eingeladener Teilnehmer ab, sollte dieser offen mit seinen Gründen umgehen können. Es kann sein, dass dieser für sich (entgegen Ihrem Erwarten) keinen Mehrwert in dem Meeting sieht oder der Meinung ist, er könne keinen entsprechenden Beitrag leisten. Eventuell haben Sie (aus Unwissenheit) den falschen Kollegen eingeladen, bitten Sie dann um eine Empfehlung, wenn Sie an seiner Stelle einladen können.

Führen Sie im Meeting Regie bzw. übertragen Sie die Aufgabe des Moderators an einen Kollegen, sodass Sie sich inhaltlich voll einbringen können. Einer muss jedoch die Agendapunkte sowie die Einhaltung der Zeit im Blick behalten und ggf. fruchtlose Diskussionen taktvoll abbrechen, ohne gewisse Dinge im Keim zu ersticken. Lassen Sie während des Meetings ein (Kurz-)Protokoll anfertigen, aus dem zumindest Verantwortlichkeiten, Deadlines, nächste Schritte und To-dos hervorgehen und das im Nachgang an alle Teilnehmer versendet wird

6.4 INTERAKTION MIT DEM TEAM

Während der Arbeit geht es nicht immer nur um das Arbeiten an sich. Viel wichtiger wird vermehrt die soziale Komponente dahinter, weshalb es von besonderer Wichtigkeit ist, dass Sie als Führungskraft auch sozial mit den Mitgliedern Ihres Teams interagieren. Es gibt sogar eine Interaktionstheorie in der Führung, die den Ansatz gegenseitiger Beeinflussung von Führungskraft und Mitarbeitern verfolgt. Der Kern dabei ist der Fokus auf der Gegenseitigkeit und damit einem interaktiven Prozess, der auf einem wechselseitigen Austausch beruht, womit der klassischen Beziehung zwischen Führungskraft und Mitarbeitern die Starrheit genommen wird. Das wichtigste Ergebnis positiver sozialer Interaktionen am Arbeitsplatz ist wohl die Auswirkung auf die Gesundheit, das Wohlbefinden und damit auf die Leistungsbereitschaft sowie -fähigkeit der Menschen. Dabei sind mit sozialen Interaktionen in diesem Kontext sämtliche zwischenmenschliche Erfahrungen und Kontakte am Arbeitsplatz gemeint, die sowohl mit Kollegen als auch Vorgesetzten, Mitarbeitern, Kunden, Lieferanten etc. stattfinden können. Sie alle haben Auswirkungen auf die Psyche und den Körper und damit direkten Einfluss auf die Regeneration im Feierabend, am Wochenende bzw. im Urlaub. Dies gilt zunächst einmal in beide Richtungen, positiv wie negativ, weshalb es wichtig ist, für eine positive Stimmung und positive Interaktionen am Arbeitsplatz zu sorgen.

Nach getaner Arbeit will und muss der Körper regenerieren, was ihm bei negativen Erfahrungen und Gefühlen (wie Angst, Stress, Sorgen etc.) deutlich schwerer fällt, da man natürlicherweise dem nachhängt und darüber grübelt, was man den Tag oder die Woche über erlebt hat. Erlebt man hingegen durchweg oder zumindest verstärkt positive Gefühle und Erfahrungen, so findet der Körper deutlich schneller in einen Erholungsmodus, weshalb positive soziale Interaktionen ausschlaggebend für die Leistungsfähigkeit, Gesundheit, Kreativität und das Engagement von Mitarbeitern und Führungskräften sind. Die tatsächliche Arbeitsbelastung spielt dabei hingegen eine untergeordnete Rolle, sodass Menschen, die mit positiven Gefühlen zur Arbeit gehen, deutlich belastbarer sind und mehr (in besserer Qualität) schaffen als weniger positiv gestimmte Menschen.

Sie als Führungskraft haben folglich durchaus einen Einfluss auf die Leistungsfähigkeit und Belastbarkeit Ihrer Mitarbeiter, indem Sie eine positive Grundstimmung in die Abteilung bzw. in die Gruppe bringen. Sie sind nicht dafür da, grundsätzlich die Stimmungskanone zu sein und stündlich einen Schenkelklopfer zum Besten zu geben, doch es reicht auch nicht, dass Sie einfach mit leeren Versprechungen um sich werfen oder nett lächelnd an Ihrem Arbeitsplatz sitzen. Eine gute Beziehung zum Team aufzubauen ist vielmehr ein ordentliches Stück Arbeit und ein langer Weg, der mit dem Aufbau von Vertrauen und gegenseitigem Respekt sowie dem Äußern von Lob und Anerkennung gepflastert wird. Ebenso wichtig ist es, dass Sie authentisch und einschätzbar sind und dass Ihre Mitarbeiter sich auf Sie verlassen können und Sie (rückenstärkend) auf ihrer Seite wissen. Heben Sie in Meetings beispielsweise positive Ergebnisse und Erlebnisse hervor, lassen Sie jedoch auch Ihre Mitarbeiter zu Wort kommen. Regelmäßig sollte in der Gruppe über einzelne Höhepunkte und Erfolge, gelöste Probleme, erledigte Aufgaben und abgeschlossene Projekte gesprochen werden, wobei sich jeder äußern können und dürfen sollte. Denn Lob und Anerkennung sind das Eine, selbst in der Gruppe über positive Dinge zu berichten ist etwas ganz Anderes und löst noch einmal stärkere positive Assoziationen aus.

Grundsätzlich ist Positivität von besonderer Bedeutung: Sie sollten nicht nur darauf achten, dass Sie positive Stimmungen und Gefühle übertragen, sondern dass auch untereinander positiv kommuniziert wird. Rückschlägen oder negativen Aspekten, die es in jeder Abteilung, in jedem Unternehmen nun einmal gibt, sollte nicht mit Sarkasmus, Ironie oder gar Resignation begegnet werden, sondern lieber eine Kultur des Überdenkens und der Annahme von neuen Vorschlägen etabliert werden. Dies gilt insbesondere, wenn Neueinstellungen anstehen oder wenn sich mit anderen Abteilungen ausgetauscht wird: Die Mitarbeiter sollten stets offen sein für Anregungen, aber auch für andere Meinungen. Vielfach fühlt man sich zunächst angegriffen oder gar „dumm", was jedoch nicht der Fall ist, sondern manchmal ist man einfach „betriebsblind". Gegenseitiger Austausch und frischer Wind wirken da manchmal wahre Wunder und sollten nicht ablehnend betrachtet werden. Am Ende haben alle etwas davon, wenn das Unternehmen weiterkommt und Fortschritte macht, höhere Gewinne erzielt oder zumindest Kosten reduzieren oder Prozesse verschlanken kann. Hierbei greift der berühmte und Ihnen sicher bekannte Spruch „Alle sagten, es sei unmöglich, bis einer kam, der das nicht wusste und es einfach machte". Hierbei hilft es, wenn Sie Ihrem Team zeigen, das Sie vertrauen, denn das drückt Ihre Wertschätzung aus. Teilen Sie, sofern es Sinn ergibt und zur täglichen Arbeit benötigt wird, Analysen, Auswertungen, Erkenntnisse, Ergebnisse, Zahlen und Daten, damit Ihre Mitarbeiter Arbeits- und Entscheidungsmaterial zur Hand haben. So verstehen sie Zusammenhänge leichter, Sie befähigen sie zum selbstständigen Denken und Handeln und führen sie an die Entscheidungsfindung heran. Selbstredend sollte hierbei auch sein, dass die „Starken" im Team die „Schwächeren" unterstützen, denn jeder leistet seinen Beitrag und nur als Team ist man stark und schlagkräftig. Das sind wichtige Schritte in die Richtung, dass

Ihr Team allein zu laufen lernt, sodass Sie sich immer mehr Ihren Führungsaufgaben widmen können und weniger dem operativen (Tages-)Geschäft nachgehen müssen.

6.5 TEAMEVENTS

Teamevents sind gemeinsame Veranstaltungen zum Zwecke des Teambuilding. Je nach Stadium des Teams werden neue Strukturen aufgebaut oder bestehende Strukturen gefestigt oder erneuert. So bieten sich gemeinsame Events beim Aufbau eines komplett neuen Teams an, bei mehreren Neueinstellungen in ein bestehendes Team oder nach einer Restrukturierung. Ziele von Teamevents sind die Stärkung von Zusammenhalt und Zusammenarbeit, die Erhöhung der Belastbarkeit und Leistungsbereitschaft sowie die Entwicklung von Vertrauen, Teamgeist und allgemeiner Zufriedenheit am Arbeitsplatz. Teamevents sollen hingegen keine Abhilfe bei andauernder Überlastung und dadurch schlechter Stimmung im Team schaffen, das wäre höchstens eine Pause, löst jedoch nicht das eigentliche Problem.

Ein Team befindet sich nach Tuckman (1965) in einer der folgenden fünf Phasen:

- **Orientierung:** Ein Team bildet sich neu bzw. bekommt eine Vielzahl neuer Mitarbeiter, man lernt sich gegenseitig kennen und kommuniziert in entspannter Atmosphäre und über unverfängliche Themen.
- **Konfrontation:** Die einzelnen Teammitglieder beginnen, Grüppchen zu bilden und üben sich in Selbstdarstellung, um ihre Position im Team zu finden und ggf. zu verteidigen.

- **Kooperation:** In dieser Phase kommt ein erstes „Wir"-Gefühl auf und es beginnt die Rollenverteilung (wer ist der „Sprecher" der Gruppe, wer ist der „Macher", wer ist laut, wer ist leise etc.).
- **Wachstum:** Jetzt beginnt eine echte Kooperation zwischen den Teammitgliedern, es sind Aufgaben und Zuständigkeiten nach Fähigkeit und Wissen verteilt worden; außerdem gewinnt idealerweise jeder Einzelne den Eindruck, dass die Arbeit im Team fruchtbarer und zielführender ist als als Einzelkämpfer unterwegs zu sein.
- **Auflösung:** Ist die Aufgabe des Teams erledigt, löst sich das Team auf bzw. erfährt eine Abteilung eine Restrukturierung oder erhält Neuzugänge. Gewonnene Erfahrungen werden in neue Teams mitgenommen und dort eingesetzt oder an Neuzugänge weitervermittelt.

Für jede Stufe gibt es geeignete und sinnvolle Teambildungsmaßnahmen. Doch weshalb ist Teambuilding eigentlich so wichtig? Natürlich kommt es auf jeden Einzelnen an, darauf, dass jeder seine Aufgabe erledigt, konzentriert arbeitet und sein Wissen zum Erreichen des Ziels einbringt. Allerdings ist vieles nur mit gegenseitiger Abstimmung, mit Kooperation, der Weitergabe von Wissen und Verlässlichkeit möglich. Die besten Ergebnisse werden nun einmal in funktionierenden Teams erzielt, weshalb Kommunikationsfähigkeit, Einfühlungsvermögen und die Fähigkeit, auf andere zugehen zu können, von großer Bedeutung ist. Die Charaktere können vollständig unterschiedlich sein, jedoch muss eine professionelle Zusammenarbeit möglich sein. Freundschaften hingegen müssen sich nicht zwangsläufig entwickeln. Diese Fähigkeiten können über Teamevents, entweder auf dem Firmengelände oder auch einmal fernab der „Heiligen Hallen", vermittelt und geübt werden. Die Phase, in der sich das Team befindet, sowie die Interessen und Möglichkeiten der Mitglieder (eher körperlich, denkend, Strategie, Rollenspiel, Kooperation?) müssen natürlich berücksichtigt werden, ebenso deren Altersstruktur und Konstitution.

Die Teilnahme an Teamevents muss auf Freiwilligkeit beruhen: Lassen Sie Ihren Mitarbeitern die Wahl, ob sie teilnehmen wollen und lassen Sie sie zunächst zuschauen und später einsteigen, wenn sie sich bereit dazu fühlen. Niemand darf sich gezwungen fühlen, manch einer hat Angst, sich zu öffnen, sich zu blamieren oder sieht schlicht keinen Sinn darin, da es offenkundig nichts mit der täglichen Arbeit (und nur dafür ist er eingestellt worden) zu tun hat. Auf jeden Fall haben Sie und Ihre Mitarbeiter hinterher ein gemeinsames Gesprächsthema, an das man noch länger anknüpfen kann.

7. UND JETZT GEHT ES LOS!

Nach all der Theorie sind Sie sicher gespannt, wie Sie Führung nun praktisch umsetzen können. In diesem finalen Kapitel wollen wir Ihnen noch einmal alle wichtigen Tipps übersichtlich mit auf den Weg geben, um Ihnen den Übergang in die berufliche Praxis zu erleichtern. Wir wünschen Ihnen schon einmal viel Erfolg und alles Gute auf Ihrem Weg zur erfolgreichen und geschätzten Führungskraft.

7.1 DIE MEILENSTEINE ALS FÜHRUNGSKRAFT

Über die ersten Meilensteine auf Ihrem Weg zur Führungskraft haben wir bereits anfänglich ausführlich gesprochen. Diese haben Sie mittlerweile erreicht und erfolgreich gemeistert: Sie sind (zum ersten Mal) befördert worden und sind nun Führungskraft mit Prozess- sowie Personalverantwortung. Ob Sie nun kritische oder einfachere Prozesse verantworten, ein kleines oder großes Team haben, ist erst einmal unerheblich, denn so oder so müssen und werden Sie in Ihr neues Aufgabengebiet hineinwachsen. Auch Ihre Antrittsrede oder Ihr Kennenlern-Meeting sowie Ihren ersten Tag haben Sie mittlerweile erfolgreich überstanden, Sie konnten sich bereits einen weitreichenden Überblick über Ihre neuen Aufgaben und Verantwortlichkeiten verschaffen und haben Ihre ersten 100 Tage, ggf. sogar mit ersten Veränderungen, hinter sich gebracht. Doch was sind nun Ihre nächsten Schritte? Wie werden Sie wirklich eine erfolgreiche Führungskraft? Was gilt es zu erreichen?

Gewinnen Sie das Vertrauen Ihrer Leute

Sicher fühlen Sie sich vordergründig akzeptiert und Ihre Mitarbeiter erledigen, was Sie ihnen auftragen. Doch werden Sie wirklich geschätzt? Vertraut man Ihnen tatsächlich oder hält man Sie lediglich für den nächsten (scheiternden) „Versuch", „Ordnung in die Abteilung" zu bringen? Das Vertrauen Ihres Teams zu gewinnen ist kein leichter Prozess und vielfach mit Rückschlägen verbunden. Wichtig sind hierbei eine offene Kommunikation, regelmäßige Personalgespräche, viel Lob und die Sichtbarkeit dessen, was Sie (für Ihr Team) tun. Zeigen Sie jedem Einzelnen, dass Sie ihn ernst nehmen, dass seine Themen wichtig für Sie sind und dass er jederzeit Kritik oder Bedenken äußern kann, was auf offene Ohren stößt.

Nutzen Sie (zumindest anfangs) Ihre Stellung und Ihre „Privilegien" nicht schamlos aus. Es ist immer schön, wenn Sie Ihre Rechte kennen, aber zeigen Sie, dass Sie auch Ihre Pflichten kennen. Und nur weil Sie ein Recht auf fünf Tage Homeoffice die Woche haben, ist das noch lange kein Grund dafür, Ihr vor Ort sitzendes Team dauerhaft remote zu steuern.

Auch wenn es nicht Ihre Aufgabe zu sein scheint, so sind Sie dennoch für reibungslose Abläufe in Ihrem Verantwortungsbereich zuständig: Packen Sie in „Notfällen" (Zusammentreffen von Urlauben und Krankheiten oder sonstigen Ausfällen, ungeahnte Belastungsspitzen, Systemausfällen) also selbst mit an, anstatt Ihren dann ohnehin schon hoffnungslos überlasteten Mitarbeitern nur noch mehr Aufgaben zu geben und noch mehr Druck auszuüben. Zeigen Sie, was Sie in Ihren ersten Tagen gelernt haben und werden Sie selbst einmal operativ tätig. Sie werden sehen, dass es Ihnen sicher Spaß macht (Stichwort: Abwechslung) und dass dies sehr positiv vom Team aufgenommen wird.

Lernen Sie zu delegieren

Auch das Delegieren von Arbeiten ist eng mit dem Thema „Vertrauen" verknüpft: Wenn Sie bestimmte Tätigkeiten an Ihre Mitarbeiter delegieren, zeigt dies einerseits, dass Sie ihnen vertrauen und andererseits stärkt es wiederum das Vertrauen Ihrer Mitarbeiter in Sie. Leider ist genau das oft das Problem, weshalb Führungskräfte wenige oder gar keine Aufgaben delegieren können oder wollen, da Sie den Kenntnissen und Fähigkeiten Ihrer Mitarbeiter nicht vertrauen. Oftmals setzt sich auch eine „Ich mach das eben schnell selbst"-Mentalität durch. Bevor Sie die Thematik erst jemandem erklären, geht es schneller, es selbst zu machen. Irgendwann, je mehr Tätigkeiten dieser Art sich anhäufen, schaffen Sie es jedoch nicht mehr, alles selbst zu bearbeiten und Sie werden u.U. Ihrem Job als Führungskraft nicht mehr gerecht, da Sie sich zu sehr in das operative Geschehen eingearbeitet haben. Finden Sie rechtzeitig eine Lösung und arbeiten Sie mit Ihren Mitarbeitern zusammen, um spezielle Aufgaben abgeben zu können. Sie sind derjenige, der Ihre Mitarbeiter dazu befähigen muss, also investieren Sie die (befristete) Zeit ins Anlernen bzw. Erklären, damit Ihre Mitarbeiter Ihnen Aufgaben abnehmen und selbstständig bearbeiten können. Gerade im Hinblick auf (interne) Weiterentwicklungen sorgt das auch für einen Motivationsschub bei einigen Mitarbeitern. Nicht zuletzt haben Sie die Möglichkeit, bestimmte Talente oder Begeisterungen bei Ihren Mitarbeitern zu entdecken und diese ggf. effizienter oder zielgerichteter einzusetzen.

Gegenseitiges Feedback

Wie im Abschnitt Feedbackkultur bereits erwähnt, ist es wichtig, dass Sie Ihren Mitarbeitern regelmäßig konstruktives Feedback zu deren Arbeit, Verhalten etc. geben. Auch Sie selbst sollten regelmäßiges Feedback von Ihrem Vorgesetzten erhalten. Doch nur wenige Menschen denken auch in die andere Richtung: Holen Sie sich doch einmal Feedback von Ihren Mitarbeitern ein. In diese Richtung muss natürlich besonders umsichtig gehandelt werden, da Kollegen in „niedrigerer" Hierarchie durchaus zu ängstlich sein können, wirklich offen und ehrlich zu antworten. Verständlicherweise, immerhin hängt deren Job zum Teil auch an Ihrer Bewertung bzw. an Ihrem Draht zu den Personalverantwortlichen. Insbesondere, solange man sich gegenseitig noch nicht so gut kennt, den jeweils anderen nur schwer einschätzen kann und wenig Vertrauen aufgebaut hat, ist ein Feedback von Mitarbeiter Richtung Vorgesetztem nur bedingt aussagefähig. Auch vor diesem Hintergrund ist es daher unerlässlich, gegenseitiges Vertrauen aufzubauen.

Alternativ können Sie sich anonym (Fragebogen) oder durch Ihren Vorgesetzten oder die Personalabteilung (je nach Größe des Unternehmens) Feedback einholen. Hier ist die Chance auf ein ehrliches Feedback aufgrund der Anonymität bzw. der nicht vorhandenen „Hürde", dem Chef etwas direkt ins

Gesicht zu sagen, deutlich erhöht, dafür kann es selbstverständlich auch deutlich schlechter ausfallen. Seien Sie darauf vorbereitet, immerhin birgt dieser Umstand eine faire Chance auf Verbesserung für Sie.

Freizeit: Auch als Führungskraft ein Recht

Sicher haben Sie gemerkt, dass Sie anfangs (auch privat) wenig Routine hatten, vieles war neu und Sie haben bestimmt eine Menge Überstunden geleistet und sich auch nach Feierabend oder an den Wochenenden mit dem neuen Job beschäftigt. Das ist vollkommen normal, schließlich wollen Sie Engagement zeigen, sich zügig einarbeiten und schnell lernen. Nachdem Sie nun aber die ersten 100 Tage überstanden haben, sollten Sie allmählich wieder ihr Privatleben in den Fokus Ihrer Aufmerksamkeit rücken und daran arbeiten, dass Sie einen richtigen Feierabend und ein richtiges Wochenende haben. Sicher steht außer Frage, dass man als Führungskraft durchaus Überstunden in Kauf nimmt und auch mal nach Feierabend oder am Wochenende zur Verfügung steht, jedoch sollte dies eher die Ausnahme als die Regel sein. Am Ende sind auch Sie nur gewinnbringend einsetzbar, wenn Sie fit, gesund und leistungsfähig sind und dies können Sie nur sein, wenn Sie sich regelmäßig erholen. Auch als Führungskraft haben Sie ein Recht auf Freizeit und Feierabend. Lernen Sie ebenso, in Ihrer Freizeit abzuschalten und nicht ständig an Ihren Job, den nächsten Tag oder das bevorstehende Projekt zu denken. So bleiben Sie auch mental leistungsstark.

Bauen Sie einen Nachfolger auf

Dieser Punkt kommt Ihnen jetzt sicher komisch vor: Wieso sollten Sie einen Nachfolger aufbauen, wenn Sie doch gerade erst den Job übernommen haben? Vielleicht formulieren wir den Satz ein wenig um: Bauen Sie eine Stellvertretung oder einen potenziellen Nachfolger auf. Manche Führungskräfte sorgen sich, dass sie sich selbst dadurch ersetzbar bzw. austauschbar machen, jedoch gibt es einerseits einen Grund, aus dem Sie und kein anderer befördert worden ist und andererseits entlasten Sie sich dadurch selbst und sorgen für Ihre eigene Karriereentwicklung vor.

Was ist mit Entlastung gemeint? Mit viel Mühe und Einsatz haben Sie Ihr Team entwickelt und dorthin gebracht, wo es jetzt steht. Doch auch Sie haben Anspruch auf Urlaub, Elternzeit oder können kurzfristig aufgrund von Krankheiten oder Schicksalsschlägen (längere Zeit) ausfallen. Eine gewisse Zeit lang organisiert sich Ihr Team sicher erfolgreich selbst und schließlich steht ja auch noch Ihr Vorgesetzter zur Verfügung. Einfacher ist es jedoch, wenn Sie eine Stellvertretung aufgebaut haben, die größtenteils in Ihrem Sinne agiert und zudem durch eigene Ideen und andere Schwerpunkte neue Ansätze zur Weiterentwicklung mitbringt. Erweist sich Ihre Stellvertretung in schwierigen Zeiten als leistungsstark und kompetent, steht Ihrer eigenen Weiterentwicklung im Unternehmen ebenfalls nichts mehr im Wege, denn insbesondere die interne Beförderung wird manchmal nur deshalb vermieden, weil dann Ihr ehemaliger Arbeitsplatz unbesetzt bleiben könnte oder nur schlecht intern (oder extern, ggf. deutlich teurer und mit langen Anlernzeiten) nachbesetzt werden kann. Bevor man Sie weiterbefördert, womit durchaus auch ein kleines Risiko verbunden ist, da schließlich niemand vorab weiß, ob Sie den neuen Job ebenso gut machen wie den alten bzw. den neuen Anforderungen gerecht werden und damit möglicherweise gleich zwei Lücken reißt, lässt man Sie lieber auf Ihrem Platz und besetzt die andere Vakanz neu. Durch einen fähigen Stellvertreter, der durchaus Ihre Nachfolge antreten könnte und möchte, umgehen Sie dieses Problem und ebnen den Weg für Ihre eigene Karriere.

7.2 REFLEXION

Sich selbst zu reflektieren und sein Handeln entsprechend auszurichten, ist eine hohe Kunst und nicht jedermanns Sache. Als Führungskraft ist es allerdings von immenser Bedeutung, Aussagen und Handlungen kritisch zu hinterfragen, zu beobachten und nötigenfalls anzupassen. Nur so nehmen Ihre Mitarbeiter Sie ernst und halten Sie für glaubhaft und vertrauenswürdig. Selbstreflexion setzt jedoch ein eingehendes Auseinandersetzen mit sich selbst voraus und erfordert nicht nur das kritische Hinterfragen des eigenen Handelns, sondern durchaus auch eine Änderung in Bezug auf das eigene Handeln oder die Art und Weise, Dinge zu kommunizieren. Im Extremfall muss sogar der gesamte Führungsstil angepasst werden, wenn dieser einfach nicht zum Team oder zu einem Selbst passt. Nutzen Sie die Selbstreflexion daher auch, um sich selbst besser kennen und einschätzen zu lernen. Je intensiver Sie sich mit sich selbst auseinandersetzen, desto aufgeräumter wirken Sie. Sie wirken umso authentischer auf Ihre Kollegen.

Doch wie handelt man selbstreflektiert, wie lernt man die Auseinandersetzung mit sich selbst? Ein gutes Stichwort hierbei ist „Distanz" oder auch die sogenannte „Vogelperspektive". Sie üben sich in Selbstreflexion, indem Sie in bestimmten Momenten oder Situationen immer mal kurz innehalten und sich fragen, wie Sie gerade auf einen Vorgesetzten, Kollegen, Mitarbeiter oder gar einen Fremden wirken. Versuchen Sie, sich zu beobachten, indem Sie sich vorstellen, dass Sie gerade „dupliziert" neben sich stehen und sich bei der Interaktion, die gerade stattfindet (z. B. ein Mitarbeitergespräch o.ä.), zusehen. So erhalten Sie einen Eindruck der Gesamtsituation und nehmen Ihre eigene Haltung, Körpersprache, Stimmlage, Blickkontakte, etc. wahr.

Beherrschen Sie die Selbstbeobachtung, gehen Sie einen Schritt weiter: Wie wirkt Ihr Handeln, wie wirkt Ihre Aussage auf Ihr Gegenüber? Betrachten Sie diese Fragen sowohl allgemein als auch stärker im Detail. Hinterfragen Sie, wie Sie auf Ihr Team als Ganzes wirken, aber auch, wie Sie in ganz bestimmten Situationen auf einen oder wenige Mitarbeiter wirken. Wirken Ihre Äußerungen (selbst, wenn Sie etwas Negatives anmerken müssen) eher motivierend oder direkt demotivierend? Treffen Sie im Allgemeinen eher eine positive Wortwahl oder klingt bei Ihnen irgendwie alles immer negativ? Trauen sich Ihre Mitarbeiter nichts mehr zu sagen, weil Sie in allem das Haar in der Suppe finden? Oder was ist sonst der Grund, weshalb alle still vor sich hin arbeiten und niemand mehr Ideen einbringt? Werden Sie häufig falsch verstanden, weil Sie sich einfach nicht präzise ausdrücken können oder Sie und Ihre Mitarbeiter nicht eine Sprache sprechen? Wie agieren Sie nonverbal, passt Ihre Körpersprache zu Ihren Worten? Wie reagieren Ihre Mitarbeiter nonverbal? Reagieren Sie auch auf „unstimmig" wirkende „Kleinigkeiten" wie ein scheinbares Versteifen oder Verharren des Mitarbeiters und fragen Sie lieber einmal mehr, was dieser in dem Moment denkt, anstatt einfach weiter zu reden.

Ziehen Sie hierzu auch das bereits erwähnte Kommunikationsquadrat von Friedemann Schulz von Thun zurate: Wie kommen Aussagen beim Gegenüber an? Nehmen Ihre Mitarbeiter einfach eine Aussage hin und nicken, weil sie sie rein auf der Sachebene verstehen? Geht dabei der eigentlich gemeinte Appell verloren? Oder halten sie Sie für emotionslos, weil Sie schlicht zu sachlich für eine eigentlich auf Harmonie und Gemeinschaft ausgerichtete Gruppe sind? Können Sie hier selbst etwas beitragen, indem Sie hin und wieder ein wenig mehr auf Beziehungs- und Selbstoffenbarungsebene kommunizieren?

Sie merken sicher, dass es hier keinen konkreten Praxistipp nach dem Motto „Machen Sie x und erreichen Sie y" gibt. Selbstreflexion, Kommunikation und Körpersprache sind hochgradig individuell und hängen stark von den jeweiligen Persönlichkeiten und Situationen ab. Wichtig ist, dass Sie diese notwendige Distanz zu sich selbst und zu bestimmten Situationen schaffen, sich einmal selbst beobachten und Ihr Handeln kritisch hinterfragen. Idealerweise bekommt das in dem Moment niemand mit bzw. merkt niemand, dass Sie gerade „üben". Die Ergebnisse werden dafür jedoch umso positiver wahrgenommen, indem Sie einfach als angenehme, menschlich und authentisch wirkende Führungskraft gelten und für Ihre Mitarbeiter einschätzbar statt unberechenbar oder sprunghaft sind.

7.3 GESUNDER MENSCHENVERSTAND

Nicht jeder, der befördert worden ist, hat wichtige Management-Fähigkeiten wie Einfühlungsvermögen, aktives und aufmerksames Zuhören, Belastbarkeit oder die Sensibilität für leichteste Stimmungsveränderung geerbt oder gelernt. Oftmals wird man aufgrund seiner guten Fachkenntnisse, langjährigen Betriebszugehörigkeit (Erfahrung) oder aufgrund „der passt am besten" befördert. Auch die Fähigkeit zur Motivation des Teams, zur Begeisterung und dem Willen zur Weiterentwicklung ist nicht jedem in die Wiege gelegt worden. So manch ein Manager redet sich selbst gerne mit „kenne ich nicht, kann ich nicht, will ich nicht" aus der Verantwortung. Das alles soll keinesfalls falsch oder despektierlich erscheinen, denn jede Beförderung hat ihre Berechtigung. Ganz im Gegenteil: Haben Sie keine Angst, wenn Sie befördert worden sind, ohne „Management richtig gelernt" zu haben. Vieles lässt sich mit dem gesunden Menschenverstand sowie dem Willen, etwas zu verändern regeln. Insbesondere in der Management-Ebene sollte man einfach bereit sein, gewisse Dinge anzugehen und offen für Neues zu sein, um das Team erfolgreich mitnehmen und mitreißen zu können. Wie Sie Ihr Team begeistern können und Ihnen den Sinn in dem, was sie tun, aufzeigen können, haben Sie bereits zuvor gelesen und gelernt (zeigen Sie die Verbindung zum Großen und Ganzen, zu den Unternehmenszielen und setzen Sie Ihre Mitarbeiter nach deren Fähigkeiten, Kenntnissen und nicht zuletzt auch nach deren Vorlieben ein etc.). Doch woran erkennt man nun konkret den gesunden Menschenverstand? Was ist damit gemeint?

Der gesunde Menschenverstand ist gar nicht so einfach zu definieren, jedoch kann man festhalten, dass Manager mit gesundem Menschenverstand über eine umfangreiche Menschenkenntnis verfügen, Selbst- und Fremdwahrnehmung voneinander trennen und erkennen können, um die Bedeutung von beidseitigem ehrlichen Feedback wissen und zudem die Fähigkeit besitzen, auch mental mit immer neuen und sich ändernden Situationen und Herausforderungen klarzukommen, ohne überfordert zu sein oder zu reagieren. Handeln Sie also gewissenhaft, besonnen und überlegt, so zeigen Sie bereits ein hohes Maß an gesundem Menschenverstand. Holen Sie sich nun noch regelmäßig Feedback von Kollegen, Mitarbeitern und Vorgesetzten ein und schaffen es, sich vernünftig selbst wahrnehmen und reflektieren zu können, legen Sie mehr als nur den Grundstein für eine erfolgreiche Laufbahn im Management.

Wichtig zu erwähnen ist, dass die Entscheidung, wie Sie mit dem Feedback „von außen" umgehen, einzig Ihnen obliegt. Natürlich können Sie bei negativem Feedback direkt in Panik verfallen und versuchen, möglichst schnell einiges an Ihnen zu ändern. Jedoch muss dies nicht zwangsläufig zum erhofften Erfolg führen, da Sie damit Ihre Persönlichkeit aufgeben und sich regelmäßig verstellen, um sich anzupassen. Auf Dauer wirkt dies wenig authentisch und kommt im Zweifel negativer an als die vermeintlichen „Schwächen", auf die man Sie hingewiesen hat. Oftmals hilft es schon, dass Sie sich diesen Aspekten bewusst werden und aktiv an vermeintlichen Kleinigkeiten arbeiten können, um bereits ein spürbares Ergebnis zu erzielen.

7.4 SOFT SKILLS RICHTIG EINSETZEN

Bei Soft Skills handelt es sich um zwischenmenschliche Kompetenzen bzw. die Fähigkeit, mit anderen Menschen umzugehen. Dabei wird zwischen sozialen (mit anderen kooperieren, interagieren), persönlichen (auf sich selbst bezogen, sich reflektieren) und methodischen (aufgaben- bzw. problembezogen) Kompetenzen unterschieden. Diese sogenannten „weichen" Fähigkeiten runden die „harten" Kompetenzen wie Ausbildung, Werdegang und über Zeugnisse oder Zertifikate nachweisbare Erfahrungen ab, wobei es von ihnen Hunderte gibt, die im Grunde auf den Persönlichkeitsmerkmalen von Menschen basieren. Bestimmte Aspekte beider Kompetenzkreise werden regelmäßig in Stellenausschreibungen gewünscht und können am besten im persönlichen Gespräch demonstriert werden. Die wichtigsten Soft Skills für Manager sind demnach u.a.: Kommunikationsstärke, Teamfähigkeit, eine selbstständige Arbeitsweise, Kundenorientierung, unternehmerisches Handeln, Durchsetzungsstärke und Empathie. Im Folgenden ein paar praktische Tipps für Sie, wie Sie eben diese Fähigkeiten im Arbeitsalltag unter Beweis stellen und kontinuierlich verbessern können.

Kommunikationsstärke

Von Ihnen wird eine effiziente und der jeweiligen Situation sowie dem jeweiligen Gegenüber angepasste Kommunikation erwartet. Ihre Kommunikation bedingt folglich nicht nur die reine Informationsweitergabe, sondern insbesondere die sorgfältige Aufbereitung: Wer muss was in welchem Detailgrad und zu welchem Zeitpunkt wissen und über welches Medium wird kommuniziert (Telefon, Meeting, Mail, Chat, Intranet etc.)? Zudem dürfen Sie nicht den Eindruck entstehen lassen, dass Sie Informationen gezielt einsetzen, zurückhalten oder gar manipulieren. Bei Themen, die das Tagesge-schäft bzw. die praktische Arbeit direkt betreffen, müssen Sie auf eine übersichtliche und strukturierte (einheitliche) Weitergabe achten, damit derartige Informationen von Ihren Mitarbeitern wie in einer „Dokumentation" oder „Leitfaden" gesammelt und abgelegt und somit einfach wiedergefunden werden können.

Teamfähigkeit und eigenständige Arbeitsweise

Nicht nur als Manager benötigen Sie beide Fähigkeiten: so-wohl im Team als auch eigenständig arbeiten zu können. Sie als Manager müssen Ihr Team zu einer funktionierenden Gruppe entwickeln und jeden Mitarbeiter für die Bedeutung der gemeinsamen und aufeinander abgestimmten Arbeit sensibilisieren. Darüber hinaus müssen Sie sich selbst auch in Ihr Team, aber auch in das Team der Führungskräfte ein-fügen können. Einen Großteil Ihrer täglichen Arbeit sollten Sie jedoch eigenständig und ohne ständig jemanden um Rat zu fragen erledigen können. Sie sollten wissen, was Sie tun.

Durchsetzungsstärke und Empathie

Als Führungskraft müssen Sie sich durchsetzen können. Und trotzdem zieht die „Ich bin Chef, ich sage, wo es langgeht, Du folgst"-Attitüde heutzutage nicht mehr – geführt wird mit Einfühlungsvermögen und Empathie. Sie müssen sich stets auf unterschiedliche Situationen und Menschen einstellen können, sich in die Beweggründe Ihrer Mitarbeiter einfühlen können und für beidseitig verträgliche Lösungen in Problem-fällen sorgen. Auch Entscheidungen werden zunehmend im Team oder zumindest in Abstimmung untereinander gefällt, doch hin und wieder kann es vorkommen, dass Sie bestimm-te Vorgaben schlicht umzusetzen haben. Für solche Fälle darf

Ihnen natürlich die richtige Portion Durchsetzungsvermögen nicht fehlen – nicht zu viel, denn das wirkt starr und stur – und nicht zu wenig, denn das wirkt schwach. Je besser Ihr Verhältnis zu Ihren Mitarbeitern ist, je klarer ihnen der Sinn ihrer Tätigkeit und die Bedeutung für die Unternehmensziele sind, desto einfacher wird es für Sie sein, mit Ihrem Team zu kooperieren und nötigenfalls auch einmal unangenehmere Dinge durchzusetzen.

Kunden-/Serviceorientierung und unternehmerisches Handeln

Auch wenn diese Skills auf den ersten Blick wie ein Widerspruch zueinander aussehen mögen, so ergänzen sie sich bei näherer Betrachtung doch eher. Die meisten verstehen unter Kunden- oder Serviceorientierung, dem Kunden höhere Rabatte zu gewähren oder eine Reklamation auch außerhalb der Gewährleistungsfrist anzuerkennen, welches ihnen dann wiederum nicht als unternehmerisches Handeln erscheint. Allerdings müssen Sie hier differenzieren: Zeigen Sie sich langjährigen Bestandskunden gegenüber großzügig, sorgt dies weiterhin für eine hohe Kundenzufriedenheit und eine weitere Bindung ans Unternehmen. Natürlich benötigen Sie genauso Neukunden und sollten diesen ebenfalls freundlich und serviceorientiert entgegenkommen, die besseren Konditionen und Zugeständnisse sollten Sie aber eher guten Bestandskunden machen. Und was ist unternehmerischer gedacht, als Kunden langfristig an das Unternehmen zu binden, indem Sie einen hervorragenden Kundenservice leisten? Als Bonus bauen Sie ein gewisses Vertrauensverhältnis zwischen dem Kunden und Ihrem Unternehmen auf, sodass dieser beispielsweise auch bei Neuheiten weniger stark zum Kauf „überzeugt" werden muss als Neukunden. Man vertraut Ihnen und Ihren Produkten eben einfach.

8. FÜHRUNG RICHTIG UMSETZEN

Sicher wollen Sie jetzt nur noch eines – richtig loslegen. Um Ihnen den Übergang in die Praxis so einfach wie möglich zu gestalten, möchten wir Ihnen noch schnell zwei kleine Fallbeispiele aktiv umgesetzter Führung an die Hand geben, damit Sie für anstehende Gespräche und schwierige Situationen gut gewappnet sind.

8.1 FALLBEISPIEL I:
SCHWIERIGE KUNDEN

Sie sind Vertriebsleiter und empfangen heute einen wichtigen Kunden bei Ihnen im Unternehmen. Sie haben Ihre Mitarbeiterin, zuständig für das Back Office, ebenfalls zu diesem Termin eingeladen. Freundlich begrüßen Sie beide den Kundenbesuch und das Meeting beginnt. Im Laufe des bisher höflichen Gespräches kommt die Sprache vermehrt auf das Thema Auftragsabwicklung. Die Kunden beschweren sich auf einmal vehement, dass im Back Office Ihres Unternehmens wohl so einiges nicht rund laufe, dass viele Fehler passieren und die Abwicklung grundsätzlich sehr langsam sei. Ihre Mitarbeiterin fühlt sich persönlich angegriffen und beginnt, sich zu rechtfertigen. Sie begründet die angeblich mangelhaften Prozesse insbesondere mit fehlendem Personal und veralteten Systemen. Das Gespräch zwischen den Kunden und Ihrer Mitarbeiterin gerät außer Kontrolle und noch bevor Sie die Wogen glätten können, stürmt sie wütend aus dem Raum. Sie bringen das Meeting allein zu Ende, welches alles in allem trotzdem positiv ausgeht. Wie können Sie nun aber den Fall mit Ihrer Mitarbeiterin lösen?

Suchen Sie zunächst direkt nach dem Meeting das Gespräch mit Ihrer Mitarbeiterin und fragen sie, was genau sie zu ihrer Reaktion bewogen hat und was sie nun über die ganze Thematik denkt. Die Gemüter werden zu diesem Zeitpunkt erhitzt sein, hören Sie daher vorerst nur zu und schlagen dann vor, ein weiterführendes Gespräch erst am nächsten Tag zu führen.

Sie haben nun verschiedene Optionen, die jeweils von der Reaktion Ihrer Mitarbeiterin abhängig sind. Überdenken Sie genau, wie die Situation auf Sie wirkte und inwieweit die

Mitarbeiterin vielleicht sogar recht hat. Sind die Systeme veraltet, muss vieles manuell gemacht und an vieles selbst gedacht werden, weil nichts automatisch funktioniert und fehlen Ihnen vielleicht Ressourcen, sodass Ihre Mitarbeiterin tatsächlich überlastet ist? Oder war Ihre Reaktion eher eine Projektion Ihrer aktuellen privaten Probleme auf eine brenzlige Situation im Unternehmen? Oder können Sie sich die Reaktion absolut nicht erklären?

Natürlich können Sie nun Ihre Mitarbeiterin von derartigen Kundenbesuchen künftig „befreien", jedoch liegt hierin sicher nicht die beste Lösung, da sie das eigentliche Problem höchstwahrscheinlich nicht berücksichtigt. Außerdem haben Sie Ihre Mitarbeiterin sicher mit einem bestimmten Hintergedanken mitgenommen, entweder weil Sie Ihre Kompetenzen prima ergänzt und Sie gemeinsam ein sehr gutes Team sind oder weil Sie sie weiterentwickeln möchten. Gehen Sie stattdessen lieber individuell auf Ihre Mitarbeiterin ein und versuchen Sie, die Hintergründe Ihrer Reaktion möglichst genau herauszufinden und zu verstehen. Insbesondere wenn die Probleme in den Prozessen der Abteilung liegen, haben Sie hier einen idealen Ansatzpunkt, gemeinsam mit Ihrer Mitarbeiterin Optimierungen vorzunehmen. Machen Sie dennoch deutlich, dass Sie eine derartige Reaktion nicht noch einmal erleben möchten, denn ein solches Verhalten vor Kunden zu zeigen, ist mehr als unprofessionell und wird der Karriere Ihrer Mitarbeiterin sicher nicht zuträglich sein. Bei allem Verständnis und allem Einfühlungsvermögen muss diese Botschaft bei ihr ankommen.

Überlegen können Sie, ob Sie noch einmal mit den Kunden über die Situation sprechen und das Verhalten Ihrer Kollegin erklären möchten. Hier kommt es allerdings sehr stark auf das Verhältnis zum Kunden an und wie verständnisvoll dieser sich zeigt. Auf manche mag ein derartiges Verhalten sehr unprofessionell und abschreckend wirken, andere wiederum haben ggf. im eigenen Unternehmen ähnliche Probleme und zeigen Verständnis und freuen sich, dass Sie sich im Nachgang erneut entschuldigen und die Situation damit aus der Welt schaffen.

8.2 FALLBEISPIEL 2: MITARBEITERIN VERSENDET RECHNUNGEN AN DEN FALSCHEN KUNDEN

Sie leiten das Team Rechnungslegung in einem mittelständischen Unternehmen. Rechnungen werden bei Ihnen teilweise per Post, teilweise per E-Mail versendet, diese Prozesse funktionieren allerdings noch nicht vollautomatisch. Ihre Mitarbeiter müssen die Rechnungen, die an Ihre Kunden versendet werden, manuell sortieren und selbstständig versenden.

Nun meldet sich ein langjähriger Kunde bei Ihnen, er habe die Rechnungen eines anderen Kunden erhalten und festgestellt, dass dieser Konditionen erhält, von denen er selbst nur träumen könne. Erst kürzlich hatten Sie ihm bessere Konditionen unter Hinweis auf gestiegene Einkaufspreise und Frachtkosten verweigert. Nach einigen Erklärungen und Entschuldigungen machen Sie ihm schließlich einige Zugeständnisse, sodass sich der Kunde beruhigt und Sie auch weiterhin eine solide Geschäftsbeziehung miteinander führen können. Doch wie gehen Sie mit dem Fehler Ihrer Mitarbeiterin um?

Über Fehlerkultur hatten wir bereits ausführlich gesprochen. Wichtig ist, dass offen gesprochen und sachlich und konstruktiv an einer Lösung gearbeitet wird. Dennoch muss natürlich unterschieden werden, welche Auswirkungen bestimmte

Fehler haben, handelt es sich nur um einen Rechtschreibfehler in einer Präsentation oder eine kleine Aufmerksamkeit, durch die ein Auftrag einen Tag später bearbeitet wird? Oder gelangen tatsächlich vertrauliche Informationen in die Hände Dritter, wie in diesem Beispiel.

Wichtig ist, dass Sie zeitnah und vertraulich das Gespräch mit Ihrer Mitarbeiterin suchen. Sie muss die Gelegenheit haben, sich zu erklären und Stellung nehmen zu können. Natürlich muss sie ebenso die Konsequenzen, die das für Sie selbst und für die Geschäftsbeziehung zum Kunden hat, begreifen. Hätte der Kunde Rechnungen erhalten, in denen die Konditionen schlechter sind, wären die Auswirkungen sicherlich weniger dramatisch gewesen. Trotz allem wären Rechnungen an den falschen Kunden gegangen und das ist ein schlechtes Beispiel für Datenschutz etc.

Auch in diesem Beispiel finden Sie wieder Ansätze zur Prozessoptimierung: Vielleicht kann man den Versand der Rechnungen optimieren bzw. automatisieren, sodass weniger manuelles Eingreifen nötig ist. Möglicherweise ist der Kollegin der Fehler aber auch unterlaufen, weil sie unkonzentriert war, weil sie zu viele Aufgaben zu erledigen hat. Setzen Sie auch hier an und sprechen dies offen an. Hat die Kollegin in letzter Zeit mehrere Fehler gemacht, haben Sie bereits öfter mit ihr gesprochen und tritt keine Besserung ein, so können Sie in einem solchen Beispiel auch zu drastischeren Methoden greifen und sie abmahnen. Ein derartiger Fehler kann eine Abmahnung durchaus rechtfertigen, jedoch sollten Sie das wirklich nur als letztes Mittel wählen und nicht, wenn dies ihr einziger Fehler bei ansonsten konstant guten Leistungen ist.

8.3 FALLBEISPIEL 3: BESCHWERDEN ÜBER FEHLERHAFTE PACKSTÜCKE IM LAGER

Sie haben die Position der Lagerleitung inne und aus der kaufmännischen Verwaltung trägt man vermehrt Beschwerden über Packfehler im Lager an Sie heran. In der letzten Zeit häufen sich wohl die Beschwerden der Kunden, dass Artikel fehlen oder falsche Artikel gepackt worden sind. Sie lassen sich mehrere Beispiele geben und stellen fest, dass sich die Fehler sowohl bei einem bestimmten Mitarbeiter häufen, diese andererseits jedoch auch bei anderen Mitarbeitern passieren.

Hier haben Sie zwei Ansatzpunkte: Offensichtlich stimmt etwas mit dem Packprozess nicht und einer Ihrer Mitarbeiter arbeitet deutlich unkonzentrierter oder unsauberer als die anderen, die es meistens schaffen, den Fehler zu vermeiden. Bitten Sie den betreffenden Mitarbeiter zu einem Gespräch und versuchen Sie herauszufinden, worin die Ursache für seine regelmäßigen Fehler liegt. Eventuell ist er tatsächlich unaufmerksam, vielleicht ist er jedoch auch neu (in diesem Arbeitsbereich) und hat es nicht richtig gezeigt bekommen. Oder er ist frustriert, macht nur noch Dienst nach Vorschrift, ohne mitzudenken und es ist ihm schlichtweg egal. Arbeiten Sie gemeinsam mit ihm an einer Lösung. Idealerweise ist er sehr an einer Besserung interessiert, dann könnten Sie ihm sogar (zu einem von Ihnen bestimmten Teil) die Verantwortung übertragen, diesen Prozess zu optimieren. Er könnte sich mit einigen Kollegen zusammenfinden, denen dieser Fehler ebenfalls gelegentlich unterläuft und sie fragen, wie sie es schaffen, den Fehler zu vermeiden. Bei diesem Brainstorming kommen sicherlich ebenfalls Ideen zum Vorschein, wie man den Prozess insgesamt verbessern könnte. Dass längst nicht alles ideal funktionieren kann, ist sicher jedem klar, daher eignen sich derartige Situationen immer gut, um die eigenen Prozesse und Abläufe kritisch zu hinterfragen. In diesem Fall haben Sie konkrete Beispiele erhalten und können anhand derer einen Prozess ganz klar hinterfragen und überarbeiten. Und Ihrem Mitarbeiter geben Sie dadurch nicht nur die Chance, seine Arbeitsleistung zu verbessern, sondern vielmehr sich zu beweisen, indem er den Prozess optimiert und künftig nicht nur er, sondern auch seine Kollegen diesem Fehler nicht mehr verfallen. Nicht immer sind Fehler also nur etwas Negatives, sie bieten uns vielmehr die Chance, uns kontinuierlich zu hinterfragen und zu verbessern.

9. SCHLUSSWORT

„Der gute Führer geht hinter den Menschen." – Wir hoffen, dass Ihnen die Bedeutung dieses Sprichworts im Verlauf des vorliegenden Buches verständlich geworden ist. Sie sind nicht (mehr) die Person, die „vorarbeitet", die anleitet und vorgibt und am Ende Leistungspunkte vergibt oder nimmt. Sie sind vielmehr ein Vorbild, das im Sinne des Unternehmens agiert und die Unternehmensvision in seine Abteilung (über-)trägt. Sie coachen und befähigen, unterstützen und sind immer eng an ihren Mitarbeitern und den Prozessen dran, ohne jedoch den Überblick über das Große und Ganze zu verlieren.

Ihre Art zu Führen hängt wesentlich von Ihrer eigenen Persönlichkeit ab und wie wir herausgefunden haben, gibt es nicht DIE Persönlichkeit für eine Führungskraft. Es ist normal, dass jeder Mensch seine individuellen Voraussetzungen mitbringt und gerade das ist auch gut. Sie sollten stets authentisch sein und sich nicht verstellen oder versuchen, im Beruf vollkommen anders als im privaten Bereich zu sein. Ihre Mitarbeiter und Kollegen merken das und heutzutage kommt das nicht mehr gut an. Niemand sucht in seinem Chef oder in seinem Mitarbeiter einen neuen besten Freund, aber dennoch sollte man sich verstehen und höflich und respektvoll miteinander umgehen. Der eine oder andere private Plausch darf dabei nicht fehlen, ohne dass Sie nun aber Ihren Mitarbeitern Ihr persönliches Leid klagen sollten.

Orientieren Sie sich selbst an einigen theoretischen Leitlinien und idealerweise an einem Ihnen bekannten Vorbild, welches in Ihren Augen seine Aufgabe als Führungskraft bestens ausführt. So haben Sie jemanden, auf dessen Kompetenzen Sie gelegentlich zurückgreifen können, ohne diesem jedoch blind nachzueifern. Auch hier müssen Sie Ihre eigene Note mit einbringen, um ehrlich und authentisch zu wirken. Lernen Sie, Ihre Mitarbeiter immer dann an die Hand zu nehmen, wenn sie es brauchen, aber lassen Sie sie auch (wieder) los, wenn sie dazu bereit sind. Führen Sie mit Einfühlungsvermögen und Fingerspitzengefühl und immer auf Augenhöhe, nicht von oben herab. Wir wünschen Ihnen viel Erfolg!

QUELLEN:

- 2.1: Resetka, Felfe 61f., 224f. / Raslan, Hölzl 39-52
- 2.2: Führungskompetenz Nov. 2015 / Resetka, Felfe 47
- 3.1: Resetka, Felfe 111ff.
- 3.2: business-wissen.de / stefanie-voss.de / Resetka, Felfe 116ff.
- 3.3: Resetka, Felfe 92ff., 102ff., 127ff / stepstone.at / engage.kununu.com / harbinger-consulting.com
- 3.4: Resetka, Felfe 118ff. / haufe-akademie.de / cobaltrecruitment.de / karrierebibel.de
- 3.5: mitarbeiterfuehren.com / blog.pauljohannesbaumgartner.de / experto.de
- 3.6: sage.com / Raslan, Hölzl 80ff., 129ff. / bei-training.com / arbeitgeber.careerbuilder.de / bpb.de / leadership-insiders.de
- 4: wpgs.de
- 4.1: motionpoint.com / targetter.de / honestly.de
- 4.2: Resetka, Felfe 307ff., 353ff.
- 4.3: targetter.de / virtuu.net / haufe-akademie.de
- 5, 5.1, 5.2, 5.3: Resetka, Felfe 227ff., 231ff., 354ff. / leadershiplernen.de / karrierebibel.de
- 5.4: antje-heimsoeth.com / topeins.dguv.de
- 6: businessinsider.de
- 6.1: impulse.de / karriere.at
- 6.2: springerprofessional.de / seminarhaus-schmiede.de / fuehren-und-wirken.de
- 6.3: finderlohn.de / digitaleneuordnung.de
- 6.4: wirtschaftslexikon.gabler.de / business-wissen.de / sanosense.de

- 6.5: personalwissen.de / karrierebibel.de / bildungsexperten.net
- 7.1: targetter.de / karriere.de / roche.com
- 7.2: business-wissen.de / arbeitgeber.careerbuilder.de
- 7.3: leadership-insiders.de / Rosenkranz, Hans: Gesunder Menschenverstand statt MBA (2019) / der-bank-blog.de
- 7.4: kursfinder.de / roberthalf.de / karrieresprung.de

Sie haben Fragen oder möchten uns
ein Feedback zum Buch mitteilen?
Wir freuen uns auf Ihre email:

mattletpublishing@gmail.com

Impressum
Jahr der Veröffentlichung 2022
Matthias Letwart, c/o Block Services, Stuttgarter Str. 106, 70736 Fellbach
mattletpublishing@gmail.com

Lektorat/Korrektorat: Tina Müller
Covergestaltung und Satz: Katharina Netolitzky, *www.katharina-netolitzky.com*
Verantwortlich für den Druck: Amazon Distribution GmbH, Leipzig

Plötzlich sind Sie Führungskraft Taschenbuch ISBN 978-3-00-073051-1

Printed in Germany
by Amazon Distribution
GmbH, Leipzig